타로
해석학
개론

타로 해석학 개론

발행일   2018년 3월 30일

지은이   장 재 웅
펴낸이   손 형 국
펴낸곳   (주)북랩
편집인   선일영   편집   오경진, 권혁신, 최예은, 최승헌
디자인   이현수, 김민하, 한수희, 김윤주, 허지혜   제작   박기성, 황동현, 구성우, 정성배
마케팅   김회란, 박진관, 유한호
출판등록   2004. 12. 1(제2012-000051호)
주소   서울시 금천구 가산디지털 1로 168, 우림라이온스밸리 B동 B113, 114호
홈페이지   www.book.co.kr
전화번호   (02)2026-5777   팩스   (02)2026-5747

ISBN   979-11-6299-038-4 03180 (종이책)   979-11-6299-039-1 05180 (전자책)

이 도서의 국립중앙도서관 출판예정도서목록(CIP)은 서지정보유통지원시스템 홈페이지(http://seoji.nl.go.kr)와
국가자료공동목록시스템(http://www.nl.go.kr/kolisnet)에서 이용하실 수 있습니다.
(CIP제어번호 : CIP2018009193)

78개의 카드 속에 숨겨진 미래를 정확히 해석하는 방법

타로 해석학 개론

장재웅 지음

16년 경력 타로 전문가가 간단한 공식과 사칙연산으로
미래 예측의 적중률을 높이는 비법을 전격 공개한다!

북랩 book Lab

머리말

이 책에는 한국에서는 대중적이지 못한 타로에 대한 이론과 상식이 들어가 있다. Part 1의 서론에는 대중적인 의미에서의 타로가 설명되어 있지만 그 이후의 이론에는 Adonai Paean만의 개인 레시피를 담았다.

나는 이 책을 어떤 특별한 학문으로 인정받기 위한 목적으로 쓰는 것이 아니다. 각자 사람마다 타로를 대하는 방식, 공부하는 방식이 분명 존재하며, 그 방법이 어떤 방법이 되었든 인정한다. 그 안에서 자신만의 특수성, 전문성Specialty이 생길 것이라고 생각한다.

타로 하는 사람들은 항상 겁이 많다. 우리는 우리가 모르는 미지의 상황에 대한 예지와 그것을 단정 지어야 하는 용기, 그리고 창조력을 강요받게 된다. 이것이 습관처럼 되면서 자신의 프라이드를 지키는 방어기제가 많이 나타난다. 자신이 가지고 있는 지식이 틀렸다는 가정이 생기면 극도로 공포를 느낀다. 그러나 타로 하는 사람들이라면 자신의 지식이 틀렸다는 것보다 공포스러운 것이 '내담자'라는 것을 알고 있을 것이다.

타로를 공부했거나 타로를 공부하고 있는 사람들의 특징은 특별한 지식을 가진 사람에게 특별한 지식을 사사받기를 원하고 특별한 지식을 가진 사람은 사사해줘야 한다는 압박감을 받으며 자신이 특별하다는 오해로 인해 권위의식을 갖게 된다는 점이다. 이는 가진 자와 가지고 싶어 하는 자 모두의 전문성을 잃게 만든다고 생각한다. 나는 타로를 하는 사람들의 세계에서 제일 무지한 존재로 소문나 있는 반면 또 다른 곳에서는 타로 해석을 잘한다는 소문도 듣는다. 내가 타로 해석을 잘하는 것은 아니지만 그렇다고 타로에 대해 무지하다고 생각하지 않는다.

만약 당신이 나를 특별하게 생각해서 이 책을 읽는 것이라면 그것은 내가 당신보다 전문성을 '가진 것처럼' 느꼈기 때문일 것이다. 이 책이 얼마나 어려울지 그리고 얼마나 무시당하고 천대받을지 안다. 그럼에도 불구하고 용기를 가지고 내 자신이 지금까지 당신들에게 해석을 해주었던 방법 중 일부를 전달하려고 한다. 이를 따라가든 말든 상관하지 않는다. 이 책으로 전달하고 싶은 것은 방대한 타로의 신비주의적 사상, 역사에 겁먹지 않고 자신만의 전문성을 획득할 수 있다는 자신감이다. 그리고 난 당신이 이 책을 읽고 영감을 얻음으로써 당신만의 전문성이 생긴다면, 이 책이 당신의 마음속 주장의 참고문헌으로 한 문장 차지한다면 그것으로 만족할 것이다.

항상 나는 타로인들 앞에서 얘기한다.

"우리의 전문성을 알아봐 줄 수 있는 사람은 타로를 먼저 했던 사람도, 웨이트나 크로울리도, 자신의 스승도 아니다. 우리를 평가하는 건 '내담자'뿐이다."

그렇기에 나는 아무리 멸시받고 경멸받아도 그것에 대항하지 않는다. 또한 아무리 칭찬받고 존경받아도 잘난 듯이 얘기할 수 없다. 내담자에게 만족감을 주기엔 아직도 멀었고, 내가 예지한 미래를 직접 겪은 사람들이 소수이기 때문에 나는 타로에 대해 초보나 다를 게 없다.

당신이 아무 이론 없이 아무렇게나 해석해서 내담자의 미래를 맞췄다고 했을 때, 이미 당신은 당신이 알고 있는 타로의 고수들과 다를 게 없다. 그래서 나는 타로라는 도구를 사용해 100%의 정확도로 해석해내는 자를 고수라고 한다. 그것을 위한 방법론을 쫓는 연구를 해석학이라고 부를 것이고, 이를 거부하고 바보 취급하는 자는 이제는 자신만의 전문성을 찾을 생각이 없는 허세 부리는 사람으로 치부할 것이다.

당신의, 당신을 위한, 당신만이 할 수 있는 해석과 방법을 찾아라. 그리고 그것을 증명하기 위한 공부를 하고, 강의를 듣기 바란다.

2018년 3월
장재웅

❖ 차례 ❖

머리말 _ **4**

PART 1. 서론

1. 타로의 역사 _ **12**

2. 헤르메틱 카발라Hermetic Qabalah _ **14**

3. 게마트리아Gematria _ **29**

4. 연금술 _ **31**

5. 코트 카드Court Card _ **34**

6. 마이너 아르카나Minor Arcana _ **37**

7. 메이저 아르카나Major Arcana; Trump _ **40**

8. 타로의 상징 _ **44**

PART 2. 타로 해석학 개론

1. 표지자Significator _ **58**

2. 타로 해석학의 원리 _ **66**

3. 타로 해석학의 3구조 _ **68**

4. 타로 해석학의 3요소 _ **78**

PART 3. 스프레드 해석 공식

1. 타로 기수법 _ 105

2. 타로 해석에서의 사칙연산 _ 107

3. 사칙연산을 이용한 3카드 스프레드 _ 117

4. 3카드 스프레드 사칙연산 _ 122

5. 스프레드와 카드 _ 125

PART 4. 헥사그램 스프레드

1. Adonai paean's Hexagram spread _ 139

2. Adonai paean's Hexagram spread의 이해 _ 143

3. 헥사그램 스프레드의 삼각형 공식 _ 154

PART 5. 켈틱 크로스 스프레드

1. 웨이트 켈틱 크로스 스프레드Waite Celtic Cross-Spread _ 160

2. 켈틱 크로스 스프레드 배열 기본 포지션 _ 164

3. 켈틱 크로스 스프레드의 해석 법칙 _ 169

4. 켈틱 크로스 스프레드 사칙연산 공식 _ 171

5. 함수 _ 176

보충 자료 / Adonai Paean의 헤르메틱 카발라 시스템 _ 181

감사의 글 _ 187

참고문헌 _ 189

미주 _ 193

PART 1

서론

❖

　모든 연구와 지식에 역사적 지식이 바탕이 되어야 하는 건 당연하다. 타로라는 도구가 생기고 난 뒤, 사람들이 어떻게 이 도구를 받아들였고 어떻게 사용했으며 어떻게 발전해가고 있는지를 우선 정리해야 할 것이다. 앞으로 이 타로가 서양권이 아닌 동양권에서도 놀랄 만한 발전을 이룰 수 있다고 생각한다.

　타로의 사상과 개념에 대해 의외로 한국 사람들은 어려워한다. 물론 타 문화권의 철학적 사상을 받아들이기가 쉽지는 않을 것이다. 개인적으로 이러한 폐해는 한국 교육으로 인한 문제라고 생각된다. 하나를 알면 열을 알아야 하는데 한국 교육은 '하나를 우선 제대로 알자'라는 주의이기 때문이다. 범인은 이 논리를 알지 못하고 오해하며, 사회는 이런 사람을 솎아낸다. 이에 따라 생긴 공부의 방식은 암기이고, 이 때문에 사람들은 타로의 개념을 암기하는 것을 통해 그것을 사용하는 방법에 대해서 숙지하려 하며, 그것마저도 암기하려고 하는 경향이 있다.

"타로는 카발라Kabbalah, Qabalah, Cabala이다."

이 세 가지 방향성 중 가장 보편적인 개념이 사실 Cabala이다.[1] 이것은 타로와 분명 상관이 있으나 이 개념을 정립한 곳이 '기독교'이기 때문에 크리스천에 의한 카발라는 타로의 맥에서 조금은 벗어난다. 나중에 카발라에 정통한 뒤 이것을 추후에 살펴보면 굉장히 많은 발전이 있을 수 있지만 타로로만 봐서는 Qabalah-Kabbalah-Cabala의 순으로 정리하는 게 좋을 것이라고 생각된다.

이 책에서 이론에 관해 많은 것을 서술하지는 못한다. 다만 최대한 함축적이고 논리적인 방식으로, 즉 '정보'의 개념으로 전달하려 한다.

① 타로의 역사

타로는 이집트의 맘루크 왕조The Mamluk, 1302~1345에서부터 시작됐다고 알려져 있다.[2] 여기서 말하는 타로의 역사는 타로라는 개념 이전에 현재 타로라고 불리는 카드의 구조적 근본이 어디서 생겼는지를 말한다.

타로는 게임카드Playing Card로 맘루크 왕조가 유럽을 침략하면서 전파된 것으로 알려진다. 유럽이 광범위하게 세계를 정복하던 13세기 중반에 놀이용으로 사용된 이것은 유럽 전역에 스며들게 되었고 프랑스의 찰스 6세에게 자크맹 그랭고노Jacquemin Gringonneur가 카드를 제작해 봉헌하면서 실질적 타로의 형태가 남았다고 전해진다.

14세기 르네상스 시대 조토Giotto 양식의 부흥에 의해 타로의 이미지 형태가 만들어졌고 전체 덱이 보존되어 있는 최초의 타로는 듀크 필리포 마리아Duke Filippo Maria 공작을 위해 만든 3개의 덱이다. 첫 번째는 14세기 초반 보니파시오 뱀보Bonifacio bembo에 의해 그려진 놀이용 타로키 덱Tarocchi deck,[3] 두 번째는 14세기 중반의 브람빌라 팩Brambilla pack, 그리고 세 번째가 프란세스코 스포르자 Francesco Sforza와 아내인 비안카Bianca에 의해 만들어진 현재 최초의 타로라고 불리는 비스콘티 스포르자Visconti-Sforza 덱이다.[4] 16~17세 기 마르세이유Tarot de Marseille가 프랑스와 스위스의 타로 메이커들 에 의해 만들어졌으며,[5] 17세기 말 밀레Mellet는 카발라 시스템Kabbala system이 타로와 관련이 있다고 제시한다.[6] 18세기 중반 엘리파스 레비Eliphas Levi에 의해 Qabalah가 타로에 본격적으로 접목되었 고,[7] 18세기 후반 '골든던Golden dawn'이 윌리엄 로버트 우드맨William Robert Woodman, 윌리엄 윈 웨스트콧William Wynn Westcott, 사무엘 리델 맥그리어 매더스Samuel Liddell MacGregor Mathers 이 세 사람에 의해 설 립된다.[8] 19세기 초 아서 에드워드 웨이트A. E. Waite와 파멜라 콜먼 스미스Pamela Colman Smith에 의해 웨이트-스미스 타로가 만들어지고 19세기 중반부터 후반까지 알레이스터 크로울리Aleister Crowley와 프 리다 헤리스Frieda Harris에 의해 토트 타로Thoth Tarot가 제작된다.[9]

2

헤르메틱 카발라
Hermetic Qabalah

카발라Kabbalah란, 유대교 신비주의로 정의된다. 초기 카발라는 성경의 이해를 통해 영적인 세계에 대한 경험과 그것에 대한 접근 방법을 알고자 하는 연구의 문헌이었다. 찰스 폰스가 쓰고 조하선이 번역한 『카발라Kabbalah』에서 살펴보면 Kabalah는 실천적 Kabalah와 사변적 Kabalah로 나뉜다. 사변적 Kabalah는 구약 성서의 내용을 논리적인 이해를 통해 파악하기 위해 한 문헌적 연구를 말하고 이는 타로를 만드는 구조와 사상이 되었다. 실천적 Kabalah는 현재 타로의 점술적 용도로 쓰이는 헤르메틱 카발라Heremetic Qabalah이다. 실천적 Kabalah는 히브리어와 그 알파벳 숫자와 철학을 중요시하며, 그것을 이용하여 영적 세계를 경험하기 위한 방법론으로써 연구되었다.

밀레Mellet가 이 카발라 연구와 카발라 시스템Kabbala system이 마법의 관련성을 보이는 것 같다고 제안한 이후에 엘리파스 레비Eliphas Levi가 Kabalah를 타로에 접목시키게 된다. 이때부터 Kabalah는

Qabalah로 불리게 된다. 레비는 자신과 커뮤니티를 하는 제자들에게 '카발라의 원소Elements of the Qabalah'라는 제목의 편지를 보내게 된다.[10] 이 편지는 타로와 Qabalah의 연관성과 마법적 연결방법에 대한 설명을 하고 있으며, 이것에 대한 파장이 신비주의 집단에 영향을 주게 된다. 레비는 장미십자회Rosicrucians와 고위 프리메이슨Freemason 학자인 케네스 맥켄지Kenneth Mackenzie에게 여러 가지 타로 구조에 대한 제안을 했고, 크로울리는 레비가 타로 카드의 카발라시스템을 처음부터 제안했다고 제시한다.[11] 이를 전달받고 연구한 또 다른 집단인 골든던이 창시됨으로써 홀리 카발라Holy Qabalah라고 부르는 헤르메틱 카발라 시스템Hermetic Qabalah System을 확립시켰다. 이러한 헤르메틱 카발라Hermetic Qabalah는 아서 에드워드 웨이트Arthur Edward Waite, 폴 포스터 케이스Paul Foster Case, 알레이스터 크로울리Aleister Crowley가 연구하며 이끌었고, 웨이트Waite와 케이스Case는 Kabalah에 의한 숫자 '0'의 위치가 명상에 방해가 된다고 생각하여 '8(19번 경로 테트Teth)'과 '11번(22번 경로 라메드Lamed)'을 바꿨다.[12] 이것이 일반적이고 고전적인 헤르메틱 카발라이다. 후에 크로울리는 이 순서의 변화는 양자리와 물병자리의 패턴을 '에녹서The Equinox of the Gods'를 통해 재분석하여 불필요하다고 제시하였고 이때부터 새로운 헤르메틱 카발라가 만들어진다.[13]

두 사람의 Qabalah의 개념은 차이가 있지만 맥락은 같다. 다만 작은 차이가 매우 크게 작용할 수 있기 때문에 고전 헤르메틱 카발라와 현대 헤르메틱 카발라로 구분한다. 해외에선 이렇게 구분하진 않고 웨이트 카발라와 크로울리 카발라로 분류한다. 이 맥락의 차이가 크지 않기도 하고 웨이트의 개념이 대중적으로 깊게 자리 잡고 있어서 현재는 웨이트와 케이스의 이론을 중심으로 하는 덱과 크로울리의 이론을 중심으로 하는 덱으로 나뉘어져 제작되고 있다.

1) 카발라Qabalah

카발라에 대한 인식은 좋지 못하다. 어려운 데다 사이비라는 인식이 팽배하기 때문인데, 실제로 매우 어렵고 세상에 익숙해져 있는 사고방식을 가진 사람이라면 매니악하다는 느낌 때문에 꺼릴 수 있다. 그러나 카발라는 타로의 기본 형태이며, 기초이다.

어떤 사람은 카발라를 들으면 마치 종교를 전도하는 사람처럼 생각하기도 한다. 실제로 카발리스트들은 카발라의 마법적 경험을 했고 그 경험이 작든 크든 엄청나고 폭발적인 감동을 주기 때문에 흥분을 해서 말하곤 한다. 이런 맥락에서는 종교와 다를 바는 없다. 그래서 다소 사이비 같다는 느낌을 지우기 힘들지만 타로를 공부하는 사람이라면 이용할 수는 있도록 이것을 숙지할 필요가 있다.

2) 키발리온The Kybalion

1912년에 발간된 소책자 『키발리온Kybalion』은 타로의 보편적 원리를 7문장으로 정리하여 타로를 하고 있는 사람이라면 반드시 깊게 읽어봐야 한다고 알려져 있다. 이는 고대의 헤르메틱 카발라에 대한 근본적 원리를 담고 있다.[14]

① 멘탈리즘의 원리|Principle of Mentalism, 유심론

모든 것(영혼)은 마음에 있고, 우주는 정신의 작용에 의한 것이다.

② 유사성의 원리|The Principle of Correspondence

위와 같이 아래도 그러하고 아래와 같이 위도 그러하다.

③ 진동의 원리|The Principle of Vibration

쉼 없이 움직인다. 모든 것은 모든 것들을 진동시킨다.

④ 극성의 원리|The Principle of Polarity

모든 것은 이중적이다. 모든 것은 극을 가진다. 모든 것은 반대의 짝을 가진다. 같음과 다름은 서로 동일한 것이다. 반대는 속성 안에서는 같지만 그것의 정도는 다르다. 양극은 반드시 만난다. 모든 진리는 절반만이 진실이다. 모든 역설은 어쩌면 이미 조화를 이룬 것일 수 있다.

⑤ 리듬의 법칙The Principle of Rhythm

모든 것은 들어오고 나가는 흐름이 있다. 모든 것은 조수Tides, 밀물과 썰물를 가지고 있다. 모든 것은 상승과 하강이 있다. 모든 것은 진자운동Pendulum-swing에 의해 나타난다. 오른쪽의 움직임의 척도는 왼쪽의 움직임이다. 리듬은 상호보완이다.

⑥ 원인과 결과의 원리The Principle of Cause and Effect

모든 원인에는 결과가 있다. 모든 결과는 원인이 있다. 모든 사건은 법칙성을 가진다. 우연은 우리가 인지하지 못한 법칙의 또 다른 이름이다. 인과관계에는 여러 면이 있지만 정해진 법칙을 벗어나진 않는다.

⑦ 성별의 법칙The Principle of Gender

모든 것들은 성별이 정해져 있다. 모든 것들은 그것의 남성성 원리와 여성성의 원리를 가진다. 모든 측면에서 성별은 존재한다.

3) 세피로트Sephiroth

카발리즘Qabalism의 중심은 생명의 나무에 있다. 생명의 나무는 10개의 세피라와 22개의 히브리어 알파벳, 4개의 세계의 구조로 이루어져 있다.

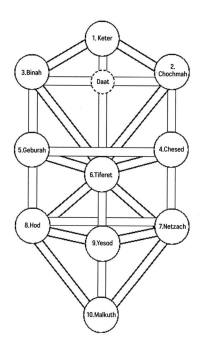

Fig1 생명의 나무에서의 10 세피로트

① 케테르Kether

4개의 Ace에 해당한다. 4개의 원소의 근원에 해당한다. 이는 원소로 표현하지 않는다. 이것들은 씨앗에 해당하며 4개의 방향성을 가진다. 인지할 수 없을 정도의 거대한 에너지를 가지고 있으며, 가장 높은 곳에서 다른 개념들을 통치하기도 하지만 가장 아무것도 없는 상태이다.

② 호크마Chokmah

슈트의 세계 또는 원소를 표현할 때 극성 또는 비극성의 평형을 이루게 한다. 케테르에서는 각 원소가 보이지 않지만 호크마에 도달했을 때 원소의 모습이 발현된다. 호크마는 어떤 영향으로도 오염되지 않는다. 따라서 가장 순수하고 자연스러운 상태의 원소를 표현하게 된다. 찰나의 생각 하나가 케테르에서 호크마를 만든다. 이는 원소의 속성에 따라 나타나는 표현형이 다르다. 깨끗한 종이에 점을 하나 찍은 것과 같다.

③ 비나Binah

원소의 기본적인 개념을 꾸며준다. 원소로서 행동을 시작할 수 있다. '아이의 발상'의 상징이며, 행동 또는 잠재력의 각종 방법들이 실패할 수 없도록 세팅되어 있는 것을 말한다. 최초의 순수한 욕구의 발현이다. 무에서 유를 창조하든 창조되어 있는 유에서 새로운 유로 재창조하든 하나의 순수한 욕구가 이 창조를 완성시킨다. 원소의 속성에 따라 이 창조력의 표현은 다르다.

④ 헤세드Chesed

완벽, 실현, 완성을 상징한다. 해당 원소가 가지는 문제를 해결하거나 해결하려고 하는 자세를 취하는 안정된 상태를 만든다.

일견 무료해 보이지만 원소가 가지는 에너지를 정돈하는 평화로운 에너지를 가진다.

⑤ 게부라Gevurah

게부라의 영역은 중대한 갈등, 고통을 특징으로 한다. 순수한 욕구의 정도가 지나치고 이익에 앞서면 게부라로 빠져든다. 이익에 앞선 나머지 자신을 제외한 모든 것을 경계하게 된다. 각 원소는 게부라에서 각 원소의 성격을 반영한 고통을 표현한다. 이 고통은 속성의 근본적인 욕구에 의한 고통이다.

⑥ 티페렛Tiphereth

티페렛은 슈트가 가지는 성격의 아름다움을 표현한다. 위대한 권위자에게 도움을 줄 수 있는 폭발적인 에너지, 집중력, 판단력이 풍부하게 표현하는 위치이며, 잘못된 길에서 신성한 영물의 안내를 받게 되고, 무료했던 삶은 다시금 활력을 가지게 된다. 티페렛의 영역은 매우 특별하고 에너지 넘치며, 원소들이 가장 빛날 수 있는 위치이다.

⑦ 네짜흐Netzach

네짜흐는 승리를 얻는 데 필요한 요소에 대해서 표현한다. 보편적 룰을 깨고 새로운 세계로 접어들게 하거나, 자신이 가지고 있는 것을 소중히 하게 된다. 각 원소들은 이러한 위치에서 각 본연의 속성에 대한 필요한 부분을 표현하게 된다. 열정, 상상력, 영악함, 인내를 나타내게 된다. 각 개인의 약점 혹은 부정적인 측면으로 보여질 수도 있다.

⑧ 호드 Hod

수동적이거나 제한적인 특징이 있다. 호드는 자신의 실수를 깨닫게 되어 침묵하게 되거나, 열등감에 의한 행동 제약이 생기거나 자신의 장단점을 파악하지 못하게 되는 에너지를 가진다. 각 원소들의 성격이 본인의 의지가 아닌 외압에 의해 이루어지는 것으로 표현된다.

⑨ 예소드 Yesod

예소드는 앞선 원소들의 실질적인 사용과 심리적인 패턴을 보여준다. 수용적인 형태를 보이거나 대천사와의 만남을 통해 자신이 알고 있는 세계와 다른 세계를 찾아내거나, 자신이 가진 것을 최대한 활용하는 형태로 사용하게 된다. 이는 원소의 성격에 매치하여 표현된다.

⑩ 말쿠트 Malkuth

완료된 상태, 과일로 치면 지나치게 익은 상태, 또 다른 세계로의 문이 열리는 상태를 말한다. 에너지의 사용을 깨닫고 그것을 어느 곳에 사용해야 할지 의지를 다지는 위치이며, 자신을 과감히 버리기도 하고, 순수한 연구와 집착을 통해 성공으로 가는 것을 말한다. 이러한 개념을 원소에서 각각의 개성에 따라 표현하게 된다.

4) 4계|Four World

카발라는 4개의 분리된 세계를 가진다. 각각 신의 문자인 테트라그라마톤Tetragrammaton 하나하나에 해당한다.[15]

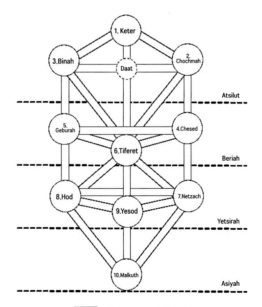

Fig2 4계 'The Four Worlds'

① 아찔루트Atziluth

아찔루트는 다른 하위세계를 활성화시키는 순수한 정신의 세계이다. 이곳에는 세피라의 신들이 귀속되어 있다. 해당하는 문자는 'Yod(י)'이며, 원초적인 불을 나타낸다. 아찔루트는 대부분의 신비주의자들이 범접할 수 없는, 접근할 수 없는, 볼 수 없는 세계라고 말한다. 마치 영화관의 스크린을 1㎜ 간격을 두고 보는 것과 같다. 방대한 크기의 스크린을 아주 근거리에서 관람한다고 했을 때 그 내용을 우리는 시각적으로 볼 수가 없다. 이것과 비슷한 양상을 가지는 것이 아찔루트이다.

② 브리아Briah

창조의 세계, 대천사의 순수한 지성의 세계이다. 해당하는 문자는 'Heh(ה)'이며, 원초적인 물을 나타낸다. 브리아는 천사들의 세계로 표현한다. 헤세드, 게부라, 티페렛이 포함되며, 이 3개의 세피라가 균형을 이루는 세계이다. 수십 년 전까지만 해도 브리아는 허공의 세계였다. 이 또한 알 수 없는 세계인 건 마찬가지였다. 크로울리가 개탄하고, 선망했던 과학적 계몽주의에 대한 기대는 이 브리아계를 직접 보는 것이 아닐까 생각된다. 브리아계에 대한 개념을 깨달은 자는 용기와 지식, 지혜, 돈만 있으면 브리아계를 죽기 전에는 볼 수 있을 정도로 현대의 세계는 발전했다고 생각된다. DNA의 구조를 발명한 제임스 왓슨은 노년에 '뇌 스캔이미지'를 통해 꿈에 대한 해석을 과학적으로 입증하려 시도했었다. 칼융과 프로이트에 의한 심리학 또한 과학적 계몽주의의 시초라고 할 수 있다. 과거 과학계 연구자들의 업적은 현대에 와서 많은 방향으로 발전할 수 있다. 이 발전은 정신적 영역의 브리아를 이후 수십 년간 함부로 볼 수 없을지는 몰라도 그 영역에 관련된 힌트는 반드시 얻을 수 있을 것이라고 장담한다.

③ 예치라Yetzirah

형성의 세계라고 불리고, 명상을 통해 잠깐 잠깐씩 경험할 수 있는 세계이다. 누구나 예치라에 대한 경험은 할 수 있다. 다만 경험해 놓고도 예치라를 본 것임을 인지를 못할 뿐이다. 모든 사람이 볼 수 있지만 모든 사람이 볼 수 있지는 않다. 모든 사람이 볼 수 있는 자격은 있지만 모든 사람이 그 자격을 사용하거나 노력하지 않는다. 따라서 예치라의 세계 또한 평범한 사람은 경험하기 어렵다. 타로에 관심을 가지고 이론을 전혀 몰라도 재미있게 즐기는 사람이라면 예치라의 단편은 항상 보고 있다고 생각하면 된다. 다만 인지를 못할 뿐이다. 예치라의 문자는 'Vau(ו)'이며, 원초적인 공기를 나타낸다.

④ 앗시야Assiah

감각이 있는 육체적 세계, 물리적 세계를 말한다. 히브리어는 'Heh(ה)'이며, 원초적 땅을 나타낸다. 무의 세계인 아찔루트에서 내려온 에너지를 통해 최종으로 완성품이 만들어지는 세계이다. 이 '불의 칼'이라고 불리는 진리는 우리가 유일하게 경험하고 있는 앗

시야의 세계에서 역으로 다음의 세계를 의식하는 방법으로 점차 높은 세계에 대한 체험과 경험을 하게 된다.

5) 히브리어 알파벳Hebrew Alphabet

히브리어 알파벳은 헤르메틱 카발라의 중요한 요소이다. 세피라와 세피라를 연결하는 경로를 표현하는 알파벳으로 타로의 메이저 아르카나에 해당한다.

	발음	상징	의미	숫자
א	알레프 Aleph	황소 bull	배우다 'to learn'	1
ב	베트 Beth	집 house	거주하다 'something to house in which to dwell'	2
ג	기멜 Gimel	낙타 camel	참다. 이끌다. 'to bear, to carry'	3
ד	달레트 Daleth	문 door, gate	생명의 문 'Gate of Life'	4
ה	헤 Heh	창문 window	창조정신 'creative spirit'	5
ו	바브 Vav	갈고리 nail or hook	연결 'the conjunction'	6
ז	자인 Zayin	검 sword	지성 , 분단 'symbolic of intellect and representative of division'	7
ח	헤트 Cheth	울타리 fence	장치 및 탈것 'any device of containment or any vehicle'	8
ט	테트 Teth	뱀 serpent	지혜 'serpent power'	9
י	요드 Yod	손 hand	능력 'power, strength, assistance'	10
כ	카프 Kaph	굽은 손 palm	발전 'The closing hand also signifies a developing grasp of a situation'	20
ל	라메드 Lamed	막대 ox-goad	훈련 'to instruct, train, discipline, chastise'	30
מ	멤 Mem	물 water	반사, 침묵 'reflection, silence'	40
נ	눈 Nun	물고기 fish	새싹 'to sprout'	50
ס	사멕 Samekh	버팀대 prop, support	접촉 'to approach'	60
ע	아인 ayin	눈 eye	외모 'appearances'	70
פ	페 Peh	입 mouth	호흡 'breathing'	80
צ	차데 Tzaddi	낚시바늘 fish-hook	생각 'to contemplate'	90
ק	코프 Qoph	뒤통수 back of the head	유인원 또는 원숭이 'ape' or 'monkey'	100
ר	레쉬 Resh	머리 head, face	인도 'guides'	200
ש	쉰 Shin	치아 tooth	파쇄 'penetrates, rends, shreds'	300
ת	타브 Tav	십자가 cross	서약 'one's pledge, agreement, subscription, or commitment'	400

Table 1 히브리어의 의미

헤르메틱 카발라의 중요한 요소는 총 4가지다. 키발리온The Kybalion, 10개의 세피로트Sephiroth, 4계Four world, 히브리어 알파벳 Hebrew Alphabet이 그것이다. 이 요소들은 실천적 카발라의 중요한 근간이고 이를 타로에 접목시키면서 탄생한 것이 헤르메틱 카발라이다. 우리가 지금 공부하고 있는 타로의 근본도 이 카발라에서부터 시작된다.

3

게마트리아
Gematria

월리엄 윈 웨스트콧William Wynn Westcott은 카발라를 이해하기 위한 방법 중 하나로 게마트리아Gematria를 제시하고 있다.[16] 후에 크로울리 또한 타로의 이미지는 홀리 카발라Holy Qabalah의 자료에 '기초한' 상징적 표현이라고 말하고 있고, 그중 한 부분이 게마트리아라고 말한다.

게마트리아는 히브리어 단어의 숫자 값을 읽는 학문적 방법론이다. 이는 있는 그대로의 숫자 값으로 환산하는 방법과 '소인수 분해'를 통한 배수로 연결하는 과학이라고 말하고 있다.[17]

Ex) Death 118=4+5+1+100+8

118=2×59

59=Kill

∴ Kill×2=Death → Kill+Kill=Death

Kill=목숨을 빼앗다

'목숨을 빼앗고 목숨을 빼앗으면 죽는다'라는 문장으로 만들어 진다. 좀 더 심플하게 생각해보면 죽인다는 행위가 두 번 연속된다는 의미는 정신과 육체를 둘 다 죽인다는 뜻으로 통할 수 있다. 덧셈이 아닌 곱셈으로 생각해보면 기존의 것을 죽이고 새로운 것을 받아들인다는 의미로도 통할 수 있다.

118에는 Pangia의 의미도 있다. 일반적으론 초 대륙, 가상의 원시대륙이라고 정의되는데 이외에 '격심한 통증'이라는 뜻 혹은 진통제(향정신성 약물)의 의미로 통용되기도 한다. 이처럼 게마트리아를 통한 문자배열의 이해는 타로의 이해의 핵심이 될 수 있다. 이렇듯 실천적 카발라Kabbalah와 헤르메틱 카발라Qabalah의 개념을 게마트리아를 통해 이해할 수 있게 된다.

Kabbalah가 문자를 숫자로 바꾸는 방법으로 같은 발현을 보여주는 문자와 연결해서 깨달음을 얻는 것이라면, Qabalah는 만들고자 하는 개념의 숫자를 먼저 찾은 뒤, 그에 해당하는 문자를 찾는 식으로 신비주의를 연구한다. 타로에 사용되는 문자적 기표는 이와 같은 형식으로 만들어진다. 현대에는 Kabbalah와 Qabalah의 차이는 거의 없을 정도로 Qabalah에 대한 대중적 이해가 깊어지고 있다.

4
연금술

연금술은 일반적으로 납을 금으로 만들 수 있다는 일화로 유명한 이집트 문명의 화학이다. 이집트의 철학자들이 중세에 유럽으로 연금술을 전파하면서 본격적인 연금술이 시작되었다. 연금술에서 말하는 '납을 금으로 만들 수 있다'라는 이야기는 정말 납이 금으로 변한다는 것이 아니라 죽은 금속이 살아있는 귀금속으로의 변환을 통해 자신의 본성을 깨닫고 순수한 정신을 깨닫는 것을 목표로 한다는 이념을 금속에 비유한 믿음의 문장이다.

연금술사들은 인간이 불, 물, 공기, 흙의 4가지 원소와 1개의 영혼으로 이루어져 있다고 믿었고, 이것들의 특정비율에 따라 각각의 인간이 만들어진다고 생각했다.[18] 골든던과 장미십자회, 그리고 현대의 텔레마 모두 연금술을 기본으로 알고 있고, 타로의 근간은 헤르메틱 카발라와 연금술의 이해로부터 비롯된다.

우선 연금술을 타로에 사용하기 위해서 처음에 알아야 할 것은 마이너 카드의 속성에 해당하는 4원소의 기질이다. 4원소의 기질은 다음과 같다.

> 뜨겁고 건조한 = 불
> 뜨겁고 축축한 = 공기
> 차갑고 축축한 = 물
> 차갑고 건조한 = 땅

4원소는 기원전 600년 페르시아에서 자라투스트라Zarathustra에 의해 비의적으로 전파되었으나 그 이론은 대중적이지 못했고 명확한 논리가 없었던 것으로 보인다. 그 때문에 그리스와 많은 논쟁이 있었고,[19] 그 후 기원전 440년 그리스의 철학자 엠파도클래스Empedocles에 의해 최초로 4원소에 대한 논리적 증명과 개념을 정립시키게 되었으며, 이후 플라톤과 아리스토텔레스의 자연주의 철학에 많은 영향을 끼치게 되었다.

이 4가지 기질은 아리스토텔레스가 4원소의 기질을 증명하면서 후대의 신비주의 사상가들 및 철학자들에게 아주 많은 영향을 끼치게 되었다.[20] 이를 기반으로 새로운 철학과 실증적 논리를 만들고자 연구하는 자들이 생겨났고 그 당시의 과학자라고 불리는 연금술사가 나타나기 시작했다. 이는 현대 화학의 역사가 된다.[21] 현대의 실용적 화학이 연금술의 실증적 논리로 인해 만들어진 학문이라면 신비주의는 철학적 논리로 만들어진 사상이다. 사용하고자 하는 용도와 사용하게 된 원리가 다를 뿐 뿌리는 같다.

일반적으로 타로에 접목시키기 위한 연금술은 이것만으로도 충분히 익힐 수 있다. 좀 더 연금술에 대해 알고 싶다면 4원소기질에 의해 파생된 '유황', '수은', '소금'의 3물질 이론에 의한 금속 조합법을 인용하면 좀 더 연금술적인 타로 이해 방법이 될 것이다. 고급해석에 들어가면 금속조합을 응용한 스프레드 해석법과 Kabbalah의 구조와 개념, 타로 안의 헤르메스적인 상징 이해를 통해 해석의 질을 높일 수가 있다.

5

코트 카드
Court Card

코트 카드에는 2가지의 개별적인 개념이 상징으로써 제시된다.

첫 번째 개념은 앞서 설명한 4계에 따른 힘의 등급Force Rank과 4원소가 교차되어 발생하는 16개의 발생에너지를 나타낸다. 두 번째 개념은 골든던에서 제시하였다. 이는 첫 번째 개념에서 12황도의 배치를 통해 그 영향력 분포를 마이너의 지배적 형식으로 이해하는 메디테이션Meditation 방법론이다. 이는 마이너-코트 합성도표Composite Diagram로 제시된다.[22] 이 방법은 1982년 로버트 웡에 의해 논리적으로 규명되었다.[23]

Knight, Queen, Prince[24]는 조디악Zodiac에서 각각 30° 부분을 통치한다. 원소는 각각 10°의 부분을 담당하는데 원소 구역의 마지막 부분과 원소 구역 앞의 두 개가 담당하는 20°를 포함해서 총 30°를 통치한다.[25]

Ex) 완드4(10°)+[펜타클5(10°)+펜타클6(10°)]=
펜타클의 왕자(30°)

이 두 가지 개념은 코트 카드의 기본 원리로 제시된다.

표기법1[A]	표기법2[B]	원소[C]	설명[D]	속성1[E]	속성2[F]	4계 위치[G]
King	Knight	완드	불의 지배자	불	불	Atsilut
King	Knight	컵	물의 지배자	불	물	Atsilut
King	Knight	검	공기의 지배자	불	공기	Atsilut
King	Knight	펜타클	땅의 지배자	불	흙	Atsilut
Queen	Queen	완드	불의 왕좌	물	불	Atsilut / Beriah
Queen	Queen	컵	물의 왕좌	물	물	Atsilut / Beriah
Queen	Queen	검	공기의 왕좌	물	공기	Atsilut / Beriah
Queen	Queen	펜타클	흙의 왕좌	물	흙	Atsilut / Beriah
Knight	Prince	완드	불의 전차	공기	불	Beriah / Yetsirah
Knight	Prince	컵	바람의 전차	공기	물	Beriah / Yetsirah
Knight	Prince	검	물의 전차	공기	공기	Beriah / Yetsirah
Knight	Prince	펜타클	흙의 전차	공기	흙	Beriah / Yetsirah
Page	Princess	완드	불의 궁전의 장미	흙	불	Asiyah
Page	Princess	컵	공기의 궁전의 연꽃	흙	물	Asiyah
Page	Princess	검	물의 궁전의 연꽃	흙	공기	Asiyah
Page	Princess	펜타클	흙의 궁전의 장미	흙	흙	Asiyah

Table 2 Court Card Table

(A) 표기법 1은 A.E. Waite의 Universal Waite Deck을 기준으로 보는 고전적 Hermetic Qabalah의 표기법이다.

(B) 표기법 2는 Aleister Crowley의 새로운 Hermetic Qabalah 이념을 토대로 한 표기법이다.

(C) 원소는 각각의 카드가 메인으로 가지고 있는 슈트Suit이다.

(D) 설명 부분은 알레이스터 크로울리의 토트 덱 설명이다.

(E) 속성 1은 포스 랭크Force rank[26]에 의한 원소배정이다.

(F) 속성 2는 슈트의 원소 배정이다.

(G) 4계의 위치는 '왕: 호크마', '여왕: 비나', '기사: 티페렛', '페이지: 말쿠트'로 제안하면서 이들은 세 피로트에 구속되지 않는다는 이야기를 덧붙인다.[27] 이들을 명상할 때 가장 좋은 코스는 이들이 가지는 세피로트의 구성과 4계의 흐름을 동시에 진행하는 것이다.

6

마이너 아르카나
Minor Arcana

골든던이 제시한 이 마이너 아르카나Minor arcana의 소속과 행성 매치는 '북 티Book T'와 알레이스터 크로울리Aleister Crowley의 『토트 덱Thoth Deck』과 『토트의 서Book of Thorh』를 참고하고, 텔레마의 대학 The college of Thelema의 '리브리 티Liber T'를 참고하였다. 다이온 포춘 Dion Fortune의 『미스티컬 카발라The Mystical Qabalah』에 의하면 4개의 슈트suits는 4개의 신성한 문자 '테트라그라마톤Tetragrammaton(יהוה); Yod, Heh, Vav, Heh'의 연금술적인 4가지 원소와 Qabalah의 4계에 연 관된다고 한다.[28] 각 원소들이 가지는 세피라의 성격과 속해 있는 4계의 연결구조 그리고 그것을 연금술 원소로 이해하는 것이 기 본 명상 구조이다. 이는 현대에 들어 크로울리의 제자들이 설립 한 대학인 College of Thelema와 골든던에서 기본으로 삼고 있 는 구조이다.

위치[A]	속성[B]	소속[C]	행성[D]	세피라 Sephiroth[E]	4계[F]
5	펜타클	황소	수성	Gevurah	Asiyah
6	펜타클	황소	달	Tiphareth	Asiyah
7	펜타클	황소	토성	Netzach	Asiyah
2	검	천칭	달	Chochmah	Yetsirah
3	검	천칭	토성	Binah	Yetsirah
4	검	천칭	목성	Chesed	Yetsirah
8	펜타클	처녀	태양	Hod	Asiyah
9	펜타클	처녀	금성	Yesod	Asiyah
10	펜타클	처녀	수성	Malchut	Asiyah
5	컵	전갈	화성	Gevurah	Beriah
6	컵	전갈	태양	Tiphareth	Beriah
7	컵	전갈	금성	Netzach	Beriah
2	펜타클	염소	목성	Chochmah	Asiyah
3	펜타클	염소	화성	Binah	Asiyah
4	펜타클	염소	태양	Chesed	Asiyah
2	완드	양	화성	Chochmah	Atsilut
3	완드	양	태양	Binah	Atsilut
4	완드	양	금성	Chesed	Atsilut
8	검	쌍둥이	목성	Hod	Yetsirah
9	검	쌍둥이	화성	Yesod	Yetsirah
10	검	쌍둥이	태양	Malchut	Yetsirah
5	완드	사자	토성	Gevurah	Atsilut
6	완드	사자	목성	Tiphareth	Atsilut
7	완드	사자	화성	Netzach	Atsilut
8	완드	사수	수성	Hod	Atsilut
9	완드	사수	달	Yesod	Atsilut
10	완드	사수	토성	Malchut	Atsilut
5	검	물병	금성	Gevurah	Yetsirah
6	검	물병	수성	Tiphareth	Yetsirah
7	검	물병	달	Netzach	Yetsirah
8	컵	물고기	토성	Hod	Beriah
9	컵	물고기	목성	Yesod	Beriah
10	컵	물고기	화성	Malchut	Beriah
2	컵	게	금성	Chochmah	Beriah
3	컵	게	수성	Binah	Beriah
4	컵	게	달	Chesed	Beriah
1	완드	불의 근원		Keter	Atsilut
1	컵	물의 근원		Keter	Beriah
1	펜타클	땅의 근원		Keter	Asiyah
1	검	공기의 근원		Keter	Yetsirah

Table 3 Golden dawn's Minor arcana Table

골든던의 마이너 도해. 가장 합리적인 방법과 신비주의적 논리로 설명하고 있다.

(A) 위치란 마이너 카드 각각이 가지는 위치를 숫자로 표현해놓은 것이다.

(B) 마이너 아르카나는 4개의 원소로 이루어져 있으며, 각 원소는 완드(불), 컵(물), 검(공기), 펜타클
(땅) 순으로 표기한다.

(C)&(D) 소속sign과 행성plant은 각각 10도와 30도의 순서로 배치한 것으로 제시된다.

(E) 세피라Sephiroth는 세피로트의 나무Tree of Sephiroth의 세피라를 말하며, 각각의 마이너들이 소
속되어 있는 세피라들을 표기했다.

(F) 각 슈트가 4계의 어느 위치에 속해 있는지를 나타낸다.

7

메이저 아르카나
Major Arcana; Trump

　메이저 아르카나에 대한 이해에는 대표적으로 크로울리의 도해와 웨이트의 도해가 있다. 앞서 이야기한 대로 고전 헤르메틱 카발라와 현대 헤르메틱 카발라의 개념의 차이 때문에 대표적인 두 가지 패턴의 타로 메이저가 구성된다.

　메이저 아르카나는 세피로트 나무의 경로에 의존되어 있다. 정확히는 경로의 표현을 메이저로 한 것이라고 보인다. 이 경로에 대한 숙지는 후에 나올 타로 해석의 12법칙 중 경로의 법칙으로 해석에 매우 많은 역할을 하게 된다.

	Aleister Crowley	Gematria	Path	Hebrew
0	Fool	126	11	א
I	Magus	328	12	ב
II	Priestess	529	13	ג
III	Empress	360	14	ד
IV	Emperor	310	28	צ
V	Hierophant	361	16	ו
VI	Lovers	945	17	ז
VII	Chariot	251	18	ח
VIII	Adjustment	570	22	ט
IX	Hermit	232	20	י
X	Wheel of Fortune	1475	21	כ
XI	Lust	410	19	ל
XII	Hanged Man	136	23	מ
XIII	Death	118	24	נ
XIV	Art	181	25	ס
XV	Devil	738	26	ע
XVI	Tower	1135	27	פ
XVII	Star	271	15	ה
XVIII	Moon	170	29	ק
XIX	Sun	330	30	ר
XX	Aeon	96	31	ש
XXI	Universe	1129	32	ת

Table 4 Aleister Crowley's Major arcana Table(크로울리의 메이저 아르카나 도해)

	A.E Waite	Gematria	Path	Hebrew
0	Fool	126	11	א
I	Magician	100	12	ב
II	High Priestess	561	13	ג
III	Empress	360	14	ד
IV	Emperor	310	15	ה
V	Hierophant	361	16	ו
VI	Lovers	945	17	ז
VII	Chariot	251	18	ח
VIII	Strength	430	19	ט
IX	Hermit	232	20	י
X	Wheel of Fortune	1475	21	כ
XI	Justice	1007	22	ל
XII	Hanged Man	136	23	מ
XIII	Death	118	24	נ
XIV	Temperance	329	25	ס
XV	Devil	738	26	ע
XVI	Tower	1135	27	פ
XVII	Star	271	28	צ
XVIII	Moon	170	29	ק
XIX	Sun	330	30	ר
XX	Judgement	991	31	ש
XXI	World	1054	32	ת

Table 5 A.E Waite's Major arcana Table(웨이트의 메이저 아르카나 도해)

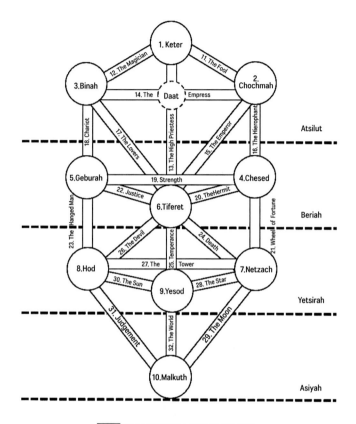

Fig3 메이저 아르카나 생명의 나무 경로

PART 1. 서론 43

8

타로의 상징

타로에 대한 논쟁이 있을 때 가장 많이 나오는 단어가 상징이라는 단어이다. 타로 안에서의 상징이란 덱의 작가에 의해 강제적으로 결정된 기표이다. 대부분은 대중적인 기표이지만 기본원리인 카발라로 의미를 한정한다면 그 작가만의 기표가 된다. 예를 들면 크로울리는 『Book of Thoth』 76쪽에서 여황제 카드를 설명하며 이런 이야기를 한 바 있다.

> 그녀의 권리와도 같은 불꽃으로 이루어진 왕좌에 앉아있는 두 마리의 새는 '참새'와 '비둘기'이다. 이 상징의 핵심은 Catullus와 Martial의 시에서 찾아야만 한다.

대부분의 해외 저서들을 보면 이와 같이 자신이 말하고자 하는 상징에 대한 '기표'를 어떤 식으로 약속하게 할 것인지 가이드한다. 반대로 말하면 참새와 비둘기는 크로울리가 Catullus과 Martial의 시에서 착안한 상징이지 일반론적인 참새와 비둘기가 아니라는 것이 된다. 문제는 이런 가이드를 잘해주는 작가가 있는 반면 숨겨놓는 작가도 있다는 점이다.[29]

특별한 상징이 아닌 이상 덱의 세계관에 맞는 상징을 사용하거나 대중적인 기표를 사용하는데 이를 작가들이 시대가 지나가면서 타로를 필요로 하는 사람에 맞춰진 기표로 바꿔서 제작하기 시작했다. 서민들을 상대로 한 대중적인 덱 유니버셜 웨이트가 가장 대중적인 기표를 가졌다고 볼 수 있었다.[30]

타로를 연구하는 많은 사람들은 매우 쉽게 집단무의식이 타로의 원리라고 단정 짓는다. 틀린 말은 아니지만 정확히 말하면 집단무의식의 원리라기보다 기호학의 원리를 통해 사용하는 자의 개인무의식을 끌어올리는 것이라고 정의하는 것이 옳다.

상징은 작가가 사용자에게 타로의 구조와 원리 사용법을 전달하기 위한 '기표'이다. 나는 상징보다 그 이전의 '기의'를 먼저 공부했고 그것을 인용해 상징을 이해하거나 어떻게 사용할지 고찰하고 생각했다. 타로에 대한 접근 스타일이 일반적인 사람들과 다르기 때문에 신뢰를 받기가 참 어렵다. 나는 '덱'을 알기보다 '타로'를 알고 싶었다.

상징의 공부 방식은 두 가지가 있다. 카드에 있는 상징을 통해 그 의미를 찾아가는 방법과 카드의 구조를 통해 카드 자체를 이해하고 그 후에 어떤 상징으로 이를 표현했는지 알아가는 방법이다.

예를 들면 유니버셜 웨이트의 14를 Temperance의 가슴에 있는 삼각형이 메타트론의 상징이며 삼위일체의 상징이라고 하자. 그럼 이 천사는 메타트론으로 가설을 세울 수 있게 된다. 삼위일체의 삼각형은 테트라그라마톤을 상징하는 것으로 신의 상징을 달고 있는 천사, 즉 신을 대행할 수 있는 천사는 대천사 메타트론 밖에 없다고 상식적으로 생각하게 될 것이다.[31] 크로울리는 이를 '조화시키는 자의 딸, 생명의 시작을 가져오는 자Daughter of the Reconcilers, the Bringer Forth of Life'이라고 '리브리Liber 777'에 제시했다. 웨이트 덱이기 때문에 크로울리의 생각이 중요하지 않다고 생각될 것이다. 그러나 그렇지 않다. 이것이 정말 기표와 기의를 구분하는 증거이기 때문이다. 크로울리의 말을 보았을 때, 마치 절제의 천사는 '가브리엘'인 것처럼 묘사한다.

웨이트를 공부하면서 왜 크로울리의 생각을 들어야 하냐고 묻는다면, 반대로 그렇다면 왜 웨이트를 공부하는데 굳이 어떤 천사이고 어떤 상징이 있는지에 목을 매며, 그것이 왜 보편적 정답이라고 단정하는지 되물을 수 있다. 웨이트는 직접적으로 어떤 언급을 하지 않았다. 그러므로 그 상징에 대해 '무엇이 맞을 것이다, 틀릴 것이다'를 가지고 왈가왈부하는 것은 무의미하다. 만약 진정 우리가 외워야 하는 기표라면 적어도 타로계의 거장인 웨이트와 크로울리의 표현방식이 같아야 할 것이다. 그러나 '14. 절제'의 타로에서의 카발라 구조는 같지만 그 안에 들어있는 상징표현을 이 두 사람은 다르게 표현했다. 즉, 상징은 작가만의 기표일 뿐이라는 증거가 된다.

앞서 말한 대로 웨이트덱의 절제에서의 천사는 웨이트가 우리에게 강요하는 기표이다. 반대로 말하면 웨이트만의 기표를 카드에 넣은 것뿐이다. 나는 여기서 웨이트의 스페셜리티를 받아들이는 게 현명한 것인지 생각해봐야 한다고 생각한다. 물론 처음 공부할 때는 이런 특수성을 받아들이는 것도 나쁘지 않다. 그러나하나하나 그 모든 상징을 공부하려면 수십 년이 걸린다.[32] 그러고 나서 우리가 얻는 것이 무엇일까? 물론 웨이트만의 사상을 배울 수는 있을 것이다. 하지만 크로울리의 현대적 마법 이론과 개념을 받아들이기엔 이미 늦게 된다. 이때쯤 되면 발전을 두려워한다. 변화를 무서워하고 거부하며 배척한다. 만약 당신이 이렇게 공부를 해왔다면 미안하지만 당신은 타로의 전문가가 아니라웨이트의 전문가다. 내가 생각할 때 상징을 해석하기 위해선 어떤형식의 타로 덱에서든 통용되는 뼈대가 있어야 한다고 본다. 물론기초지식을 통한 나의 고찰이기 때문에 나의 해석과 당신의 해석이 다를 것이다. 또한 기본지식을 통해 고찰하여 나와 다른 당신만의 키워드와 의미를 정립할 수 있다고 장담한다. 이렇게 정립하며 카드를 만든 사람이 웨이트이고 크로울리이다.[33]

내가 사용하는 상징이해 방법을 서술해 보겠다. 절제는 329=7×47, 즉 '믿음이 분단되었으나 연결된다'라는 뜻을 가진다. 이 믿음의 연결은 예소드에서 티페렛으로 올라가는 경로에 있으므로 '개체의 존재의 의의가 진동에 의해 이루어졌고 이는 이 진동을 그대로 받아들이지 않았다면(믿음이 없었다면) 이루어지지 않았을 것이다'라는 의미로 생각할 수 있다.

　현현이라면 티페렛에서 예소드로 내려가는 길에 위치하기 때문에 마법의 삼각형[34]의 구도에서 호드와 네짜흐의 진동을 조율하는 역할로 '신뢰를 가지고 중심을 잡고 만들어지는'이라는 의미로 해석하게 된다. 인간은 의식상승의 과정 중 예소드에서 특별한 심판을 받게 된다. 호드로 갈 것인가, 네짜흐로 갈 것인가? 더 빠른 길은 이 둘을 조율하여 티페렛으로 올라가는 것이다.

　절제는 25경로 '나의 지식과 능력을 세상에 대한 수많은 경고와 방해에도 불구하고 침묵으로써 증명하고 이 세계에 들어가게 하겠다'라는 의미로 산출되며, 현명하게 티페렛으로 올라가기 위해서는 호드와 네짜흐를 '조율', '조화'시키되 이것에 대해 침묵함으로써 자신의 질을 높이겠다는 논리가 될 수 있다. 이 논리를 증명할 수 있는 건 카드 이미지에서 지상의 좌우 세계관이 천사를 중심으로 다르기 때문이다. 분명 왼쪽 배경의 태양 빛에 휩싸인 왕관은 네짜흐의 승리 그리고 그 승리를 향해 가는 인간의 부질없는 욕망과 그것만을 쫓는 것에 대한 한심함, 즉 호드일 것이고, 오른쪽의 풀숲은 티페렛에서부터 온전하게 완성하려는 에너지가 정착하면서 안정감에 빠져있는 나태함 그리고 그것이 완성된 형태일 것이라는 착각에 의한 평화로운 상태, 즉 네짜흐일 것이다. 이들을 '연결'하는 건 침묵하고 긴장하며 조심스럽게 흐르도록 높낮이만을 조절해주는 컵 2개에서 나오는 가느다란 물줄기일 것이다. 그리고 이 행위는 냄비에 다른 특성을 가진 두 가지의 재료를 조심스럽게 배합하는 연금술적인 의미와 상통한다. 그렇다면 이 천사는 어떤 천사일까? 조율과 조화를 이루기 위한 결정권을 가진 천사라면 나는 미카엘이라고 생각했다. 문제는 왜 메타트론과 비교될까? 메타트론의 현현의 위치가 티페렛으로 알려져 있기 때문이다. 케테르에 존재하는 메타트론이 티페렛에 자리 잡을 때가 있다는 얘기가 있는데 그 부분 때문에 의견충돌이 나게 된다. 이를 증명하고 제대로 된 상식으로 자리 잡게 하기 위해선 카발라에 근거한 상징적 자료가 필요할 것이다.

상징을 먼저 이해하고 접근하는 것이 더 빠른 길이라 제시하는 사람들이 많다. 이 말은 일리가 있다. 왜냐하면 타로를 사용하는 궁극적 목적은 헤르메틱 카발라의 이해이기 때문이다. 그렇다면 하나의 덱 안에 있는 상징들을 심도 있게 고찰하여 헤르메틱 카발라까지 숙지하는 것이 가장 안전한 방법일 터이다.

카발라의 타로 연계는 18세기 후반부터 진행되었던 것이기 때문에 우리는 한참 뒤처져 있다. 카발라를 통해 해석을 많이 하다 보면 '덱' 자체가 하나하나 작가에 의해 어떤 위치에 위치하게 된다.[35] 그 위치에서 해석에 필요한 요소들이 연계되면 아주 많은 경우의 수가 파생된다. 그렇기 때문에 상징을 통한 안전한 방법도 좋지만 그 방법을 더욱 디테일하고 굳건하게 만들고 시야를 넓히려면 헤르메틱 카발라를 우선 공부하거나 같이 공부해야 한다고 생각한다.

해외와 국내의 서적을 찾아보면서 나의 생각과 비슷하거나 같은 저자가 있는지 살펴보았다. 보편적으로 내담자 사례를 해석하는 스타일로 제시하는 경우가 많았다.

일반적인 타로 리딩 방법에서 가장 많이 등장하는 문장은 '타로의 이미지에 나타나는 스토리로 읽는다.'[36]이다. 이 이론의 시발점은 아마도 그리어Mary K. Greer에 의해 나타났을 것으로 생각된다. 그녀는 다양한 방법과 이론으로 타로에 접근하여 많은 타로 연구자들에게 영향을 끼친 거장이다. 그녀는 이런 이야기를 한 바 있다.

> "타로의 해석을 연습할 때는 그것(타로 카드)에 대한 순수한 이해와 설명을 통해 내담자를 기준으로 '재구성'하여 그 이야기를 옮깁니다."[37]

이러한 서술에 의해 영향을 받은 많은 타로 연구자들 사이에 타로의 그림에 따른 스토리를 만들어 그 스토리로 해석하려는 시도가 생긴 것으로 본다. 그리어에 의하면 타로를 직접적으로 해석하여 그것을 내담자의 이해에 끼어 넣으면 안 된다는 의미가 되므로 타로의 이미지 스토리 자체는 내담자의 스토리를 재구성하기 위한 소스일 뿐이라는 이야기가 된다.

타로를 공부하는 국내외 많은 사람들이 '재구성reframing'의 의미를 많이 알 것이다. 나는 이 재구성을 '치환replace'이라는 단어로 사용하며 수학적 접근을 지속적으로 시도해왔고 소통하려 했다. 그러나 많은 사람들이 이러한 개념에 대해서 이해하지 못했고 그로 인해 해석에 대한 연구가 성행하지 못했다. 하지만 최근 들어 점차 이해하기 시작하는 사람들이 생겨나기 시작하고 있고 더디지만 타로 해석에 대한 연구가 점점 발전하고 있는 것으로 보인다.

현재의 타로 메타는 '키워드'를 통한 해석이 성행하는 것 같다. 개인적으로 '납득할 수 없다'고 이야기한다. '키워드'라는 것은 타로의 이야기를 내담자의 이야기로 재구성하기 이전의 타로에 대한 '이해'이다. 이 키워드는 상징과 다를 게 없다.[38] 해석을 어떻게 하는지 바라는 사람에게 상징과 키워드는 '지금 당장 부장이 시킨 회계 처리를 위해 엑셀의 함수를 찾는데 딱 해당업무에만 사용할 수 있는 함수만을 알려주는 것'과 같다. 따라서 이것을 재구성 또는 치환하는 단계를 거치지 않고 그대로 해석에 인용하는 것은 바람직하지 않기 때문에 '키워드'를 통한 해석을 납득할 수 없었던 것이다.

사람마다 질문이 다르고 사람마다 살아온 환경이 다르다. 그중에 딱 한 부분만을 볼 수 있는 키워드와 상징에 대한 설명은 너무 비합리적이지 않은가. 키워드라는 소스에 대한 근본적 시스템으로 해외에 있는 타로의 저명한 선구자들은 실천적 카발라Kabbalah의 '생명의 나무'를 아주 많이 차용한다.[39] 이는 키워드를 받아들이고 공부할 때 그것이 자신에게 맞는지 안 맞는지를 카발라를 통해 검수해야 하는 것이 원칙이 된다는 것을 반증하는 것이며, 이를 통한 확장된 시야를 통해 자신만의 개성을 가져야 함으로 이해할 수 있다.

키워드라는 것이 중요하지만 남이 만든 키워드는 사용하기 어렵다. 덱을 만든 작가들이 키워드를 상세하게 열심히 설명하는 경우는 드물다. 우리가 매뉴얼로 알고 있는 서적들은 대부분 다른 연구자들이 해당 덱을 연구하고 자신들의 키워드를 만들어서 제시한 경우가 대부분이다.[40] 이 이유에 대해서 나는 작가들이 자신의 개념과 지식을 비의적으로 표현해놓고 퍼즐을 풀어가길 바라는 악질적 장난이거나 키워드를 만들 수 있는 여지를 독자에게, 소비자에게, 타로 리더에게 스스로 만들어서 자유롭게 사용할 수 있도록 배려한 것이라고 생각한다. 정말 최악인 작가의 경우엔 자신이 가진 것을 숨겨둔다.[41] 역사적으로 어쩔 수 없는 입장이라는 건 이해하지만[42] 공부하는 우리들 입장에선 최악인 덱이 사실 웨이트이다. 그렇지만 가장 기본적인 개념으로 잘 만들어졌다고 평가되는 덱 또한 웨이트이다. 이렇듯 키워드에 대한 설명과 증명은 후대에 이르러 만들어지게 된다.

그 키워드를 그 작가가 직접 말한 부분이라면 그 키워드를 중심으로 찾아가도 상관은 없다. 그것마저 상징이고 기표이며, 그 카드를 공부하기 위한 것이기 때문이다. 그런데 그런 방식의 공부 방법이 전부가 아니라는 것을 알아야 한다.

해외에서는 헤르메틱 카발라에 의한 해석을 선호한다. 정확히 말하면 해외에서도 헤르메틱 카발라를 이용한 해석에 대해 다소 무지하긴 하나, 기본적으로 신비주의 권위자 또는 집단은 이러한 카발라를 이용한 해석이 매우 유용하다고 제시한다.[43] 이 지식은 누구에게 전달해주기 어렵고 전달해주기 싫을 정도의 가치도 가지고 있다.[44] 따라서 모호한 상징체계를 많이 제시한다.

전통적으로 타로를 해석에 사용하는 방법에 대한 부분을 저술한 것은 골든던에서 발표한 '북 티Book T'[45]에 나와 있다. '북 티Book T'에 서술된 해석방법을 간략하게 정리하면 이렇다.

1. 질문자의 표지자Significator를 설정한다.
2. 타로 카드를 셔플한다.
3. 카드 더미를 4개, 12개Twelve astrological houses of heaven, 12개Twelve signs of the Zodiac, 36개, 10개Tree of life로 매번 셔플하여 나눈다.
4. 표지자를 통해 계산된 카드를 선택하여 읽는다.

현재까지 알려진 스프레드는 위의 연금술을 간편하게 사용할 수 있도록 재구성되어 있다는 것이고, 지금 알려진 스프레드들을 사용하는 것만으로도 충분히 우리에게 많은 정보를 가져다준다는 것이다. 여기서 중요한 것은 표지자의 선택이고 모든 해석은 이를 중심으로 움직이게 되어 있다고 서술한다.[46]

여기까지 내용을 정리하면 일반적으로 타로 해석은 '타로의 이해 후에 표지자를 기준으로 타로를 선택하고 타로의 이해를 토대로 스토리를 만든 뒤, 내담자에 맞게 그 스토리를 재구성하여 해석한다'가 된다. 이러한 스토리 구성 해석방법은 타로 해석 연구가 조안Joan 또한 제시하고 있다.[47]

따라서 타로의 해석에서 타로의 기본적인 상징 또는 기표의 이해는 '우선은' 별개가 된다. 다만 이 해석을 위해서 기본적인 이해를 어떻게 해서든 해두어야 한다. 나는 헤르메틱 카발라의 이해부터 진행했지만 당신이 상징과 키워드부터 진행했다고 해서 그것이 잘못된 방향은 아니므로 이 책을 읽는 데 문제는 없을 것이다.

나는 명리학, 점성학과 같이 평범한 사람도 노력을 통해 활용할 수 있는 점술도구로써의 타로를 만들고 싶다.[48] 따라서 모호하고 애매한 논리를 정돈하고자 한다. 아무나 할 수 없는 도구가 아니라 누구나 할 수 있는 도구로 만들고 싶기 때문이다.

초보자를 위한 타로 도서들은 대부분 타로를 소개하는 도서로 보인다. 소개만 하는 책인데도 불구하고 초보자를 위한 책이라고 할 정도로 타로는 어렵고, 중심이 되는 논리를 한글로 번역한 책은 사실 없다. 나는 그 타로의 사용법과 규칙의 기본이 되는 이론과 경험, 그리고 논리적으로 사용하기 위한 방법과 규칙을 제시하려 한다.

PART 2

타로 해석학 개론

타로는 주체의 위치와 방향성을 나타내는 지표이다. 타로의 해석은 반대로 지표를 통해서 주체의 위치와 방향성을 추리하는 것이다. 해석하고자 하는 주체의 종족적 원리(분석심리학, 세계사, 물리, 화학, 사회학, 언어, 행동학, 경제학 등)와 카발라 시스템의 지표(타로 카드), 그리고 연금술과 수학(마법)을 응용하여 주체의 위치를 가늠해 나가는 작업이다.

　　주체라는 표현은 인간, 동물, 사물, 건물, 사상, 자연, 현상 모두를 포함한다. 영상매체 또는 책 등에서 동물 또는 어떤 사물에 대해 생각보다 많은 감동을 받을 때가 있다. 이 감동은 매체를 통해 잘 포장했기 때문에 느껴지는 것일 수도 있지만 본질적인 그 주체 안에 있는 균형 잡힌 영혼의 속성이 그걸 보거나 느끼는 사람에게 울림을 주기 때문이다.

　　타로는 질문을 통해 특정 주체의 영혼을 인위적으로 읽을 수 있게 하는 도구이다. 그리고 이 도구를 통해 영혼을 읽는 것을 해석이라고 한다. 타로를 해석하는 사람은 보편적인 감동과 영혼을 읽는 훈련과 공부를 해야 한다. 일반 사람과 같이 누구는 느끼고 누구는 못 느끼고 하는 사람이 되면 안 된다. 그러나 타로를 하는 사람도 신이 아니며 메시아가 아니다. 그렇기 때문에 이것을 보완해주기 위해 선구자들은 다양한 장치들을 개발하고 아이디어를 정립해왔다.

단순히 타로라는 기표를 차용해 실제 원하는 정보의 기의를 취득하기 위해서는 타로라는 기표만으로는 말 그대로 현대사회의 비논리인 '신내림'이라는 개념이 있어야 한다.

타로 해석학의 개론에서는 선구자로서 Adonai Paean이 정립해 놓은 초급자적인 개념들을 열거할 것이다. 당신이 타로를 해석하는 것, 타인의 영혼, 사물의 영혼을 읽는 것이 어렵다면 그것을 읽을 수 있는 방법과 그 방법을 사용할 수 있는 개념을 숙지해야 할 것이다.

Part 1에서는 방법에 사용할 수 있는 개념을 간단하게 소개했고, 이 개념은 이미 현대에서는 일반적인 이론으로 보편화되어 있다. 보편화된 개념과 이 개념을 사용할 수 있는 방식인 Part 2를 숙지하면 당신 나름대로의 스타일이 만들어질지도 모른다는 기대를 한다.

1

표지자
Significator

표지자는 기표Signifier가 된 자를 말한다. 기표자라고도 할 수 있고 표지자라고 할 수도 있다. 기표란 상징이고, 표식이다. 생활 속에서 우리가 교육을 통해서 또는 상식적으로 알고 있는 기호들도 기표라고 할 수 있다. 점술에서의 표지자는 주체의 기본이 되는 표식이다. 기호학Semiotics은 의사소통의 도구로 언어학의 일종이다. 이 기호에 대한 연구는 플라톤과 아리스토텔레스 때부터 탐구되어 왔다. 다니엘 챈들러Daniel Chandler는 『기본적인 기호학The basics semiotics』에서 "표지자의 사용은 반직관적으로 논할 수 있다"고 제시한다. 그리고 표지자로 만들어진 것과 실제 그 주체(표상) 사이의 관계는 아무런 차이를 가지지 않는다"라고 말한다.[49]

타로에서의 표지자는 미묘해 보일 수 있다. 그러나 중요하게 제시되고 있고 다루어야 하는데도 불구하고 한국에는 많이 알려지지 않았다. 만약 카드를 한 장 선택해서 읽는다고 하더라도, 이때 실제로는 한 장의 카드를 읽는 것이 아니다. 한 장의 카드와 우리가 인식한 내담자의 표지자를 무의식 중에 같이 계산에 넣게 된다. 그래서 실제로 원카드 해석을 정의하면 '두 개(또는 한 개 덱에서 두 번)의 덱에서 한 장의 카드씩 뽑아 두 장의 카드를 연계해서 해석하는 것'이라고 정의하는 것이 옳다.

웨이트의 저서 『픽토리얼 키The Pictorial key』에서는 이러한 표지자를 다음과 같이 이야기한다.

> "시작하기에 앞서 타로 리더Diviner는 질문하는 사람이나 문제에 대해 카드 한 장을 미리 선택해서 확인한다. 이것을 표지자Significator라고 부른다."

'리브리 티Liber T'에서도 주문과 함께 카드를 선택할 수 있도록 방법을 제시하고 있고, 골든던의 '북 티Book T'에서도 마찬가지로 해석의 방식에서 표지자를 미리 선정하도록 제시한다.

카드를 선택하여 나온 표지자로 해석을 하는 것이 얼마나 편하고 좋은지 개인적으로도 잘 알고 있다. 그러나 보편적으로 사람들은 이 표지자를 전혀 모르기도 하고, 권위자들의 방식이 아니더라도 다른 방식을 통해 표지자를 선정할 수 있다고 생각한다.

실전에서 타로 리더들이 사용하는 표지자 선정 방법은 여러 가지가 있다.

1) 외관 및 외형

가장 쉽게 표지자를 선정하는 것은 외관이나 외형을 보고 개인적인 판단으로 내담자의 표지자를 선정하는 것이다. 예를 들면 외모가 너무 좋다고 생각되어 '이 사람은 이성에게 매력어필이 잘 될 거야'라는 식으로 표지자를 선정한다. 이 방법의 장점은 손쉽고, 다른 절차 필요 없이 설정할 수 있다는 점이다. 반면 단점은 개인적인 가치관에 편중될 수 있고, 해석에 개인적 사심, 사견이 들어가기 때문에 핵심을 찌르지 못할 가능성이 높다는 점이다. 이것은 보통 초보자들이 타로에 익숙해지기 위해 사용하는 방법으로 이 방법의 고급형에는 웜 리딩Warm reading과 콜드 리딩Cold reading이 있다. 이를 실제로 사용하기 위해선 역시 카드로 한정하는 게 좋다.

웨이트는 『픽토리얼 키』에서 내담자가 40대 이상인 경우에는 코트카드의 King으로 선정하는 게 좋다고 하며, 머리 색, 눈동자 색, 피부색으로 원소의 속성을 선택하도록 제시하고 있다.[50]

2) 카드 선택

카드를 선택하는 방법은 아주 다양하다. 앞서 말한 대로 일반적인 저서에서는 주문을 외우거나 방법을 정해 선택하는 방법을 제시하고 있다.[51] 나는 이 마법적 방법들에 대해서 알고는 있으나 설명할 수 있는 수준은 아니므로 정보만 적어 두겠다.

텔레마에서 공부하는 성직자들의 방법은 다음과 같다.

1. 해석 시작 전 내담자Querent를 나타내는 카드를 선택한 뒤, 그 또는 그녀의 성향 또는 성격을 결정하고 또는 점성학적 이해를 통해 정신적 성격을 파악한다.
2. 당신의 왼손에 타로 카드를 쥔 뒤, 오른손으로 마법 봉을 쥐고 질문자에게 외친다. "I.A.O 이름 아래, 나에게 관계되어 있는 3명의 위대한 천사 HRU에게 비밀의 지혜를 구할 것입니다. 이 카드 더미 위에 눈을 감고 손을 올리십시오. 그리하여 우리는 감춰진 것들에 대한 참된 지식을 얻을 수 있습니다. 아멘."
3. 내담자에게 카드를 건네주고 질문을 깊게 생각하며 카드를 셔플shuffle하도록 시킨다.
4. 카드를 선택하여 스프레딩Spreading한다.

결국 표지자는 누군가의 성향을 파악하기 위한 단서로써 사용될 것이기 때문에 상대방의 정보를 철학적으로든 물리적으로든 감으로든 알아낼 수 있다면 무슨 방법이든 상관없을 것이다.

3) 생일 수 타로

그리어가 제안한 생일 수 타로는 꽤 재미있는 표지자 선정법이다. 1987년 그녀가 발표한 『Tarot Constellations-Patterns of personal destiny』는 인간의 운명적 패턴을 타로와 점성학을 통해 알아낸다는 의미의 책이다. 이 책에서 그녀는 자신의 스승인 미국 인류학자 안젤레스 에리엔Angeles Arrien의 생일 수 계산 방식과 그것을 사용하는 방식이 흥미로워 그 개념을 자신만의 독창적인 스타일로 변형시켰다고 했다. 개인적으로는 그리어의 생일 수 방식을 간혹 사용할 때가 있다. 재미 삼아 하긴 하지만 진지하게 하진 않는다. 생일 수 타로를 선택하는 방식은 다음과 같다.

> Ex) 2017년 8월 24일일 때
> 2017+8+24=2049='15. Devil'과 '6. Lovers'
> 해당 내담자의 개성은 '15. The Devil'
> 해당 내담자의 영혼은 '6. The Lovers'
> 해당 내담자가 두려워하는 것은 '17. The Star'

위와 같은 방식으로 표지자를 선정하는 것을 말한다.

이 방법 이외에 각자 개인적인 생일 수 타로 만드는 법이 있을 것이다. 그 방법이 합리적이고 논리적이며, 자신의 경험상 잘 맞는다고 생각된다면 그것을 사용해도 무방할 것이다.

4) 명리학 및 점성학

기존에 명리학이나 점성학을 하시던 분들이 타로를 후에 시작할 경우 표지자 선정의 최고의 시스템으로 볼 수 있는 이 두 가지 시스템을 사용하여 표지자 선정을 한 뒤에 타로를 보시곤 한다. 이 방법을 개인적으로 좋아하진 않는다. 왜냐하면 명리학이면 명리학, 점성학이면 점성학, 타로면 타로, 하나의 시스템에 정통해야 한다고 생각하기 때문이다. 그러나 한편으론 가장 좋고 확실하며 디테일한 표지자 선정은 바로 명리학과 점성학일수밖에 없다는 점은 인정한다.

5) 해석

개인적으로는 온라인에서 모르는 누군가가 타로를 펼친 뒤 사진을 찍어 올린 것을 보고 표지자 없이 해석해야 하는 경우가 많았다. 이 경우 표지자를 최대한 일반론에 벗어나지 않게 가상으로 설정하고 보편적 해석방법으로 우선 타로 카드 해석을 진행한 뒤 경우의 수를 줄여가며 내담자의 표지자를 자연스럽게 선정한다. 그 후, 선정된 표지자를 기준으로 다시 재해석하는 방식을 사용한다. 이런 방식이 습관이 돼서 개인적으로 어렵지는 않은데 타인에게 설명을 하면 나만의 고유한 스타일인 것 같다고 생각되는 경우가 왕왕 있다. 이 선정 방식은 참고만 하도록 하자.

해석을 하다 보면 표지자를 응용할 곳이 많이 있다. 나는 이 표지자를 본래의 표지자 이외에 2가지를 추가해 사용한다.

본래 표지자Originality significator

본래 표지자는 말 그대로 위에 언급했던 선정방식을 통해 선정된 일반적인 표지자를 말한다.[52] 이것을 기준으로 해석을 진행하게 되면 굉장히 많은 경우의 수를 삭제할 수 있어서 다소 편하게 해석이 가능하다.

작은 표지자Small significator

일반적으로 사용하지는 않지만 해석공식을 풀어 가는 데에는 매우 중요한 역할을 한다. 본래 표지자와 다르게 이 표지자는 스프레드 안에서 가상의 표지자를 선정하거나 결과를 표지자로 선정해야 하는 경우가 생길 때 쓰는 표지자이다. 이 표지자는 실전에서 스프레드를 공식화하면서 많이 사용하게 되는데, 개인적으로 매우 유용하게 사용한다.

변수 표지자Variable significator

표지자 선정 과정 중 5번째인 '해석'은 나만의 스킬인 것 같다. 국내외의 저서들을 찾아보았지만 저런 표지자 선정방법은 없었다. 따라서 신용할 수 있는 부분인지는 장담할 수는 없다.

변수 표지자는 해석을 통한 표지자를 선정할 때, 무수히 많은 표지자를 허수아비와 같이 세워 놓는 표지자를 말한다. 이 부분에 대해서 조금 더 설명하면 이렇다. 가령 A라는 인간에 대해서 알아보아야 하는데 이 인간의 표지자를 선정하시 못했고, 나에게 주어진 정보는 타로 카드뿐이라고 할 때, 우선 헤르메틱 카발라로 해석을 진행한다. 이 과정에서 많은 경우의 수가 제시된다. 이때, 각각의 경우의 수를 '만약'이라는 의문형을 제기하여 '허수아비 표지자' 또는 '변수 표지자'에 하나 하나 대입해서 일반적으로 가능한지를 파악한다. 그 후, 귀납법으로 다시 검산하고 이 검산과정에서 이미 해석되고 배열된 타로 카드를 재해석한다. 이 과정을 거치면 수 개의 허수아비가 쓰러진다. 일반적으론 두 개에서 세 개 정도 남는다. 여기서 만약 더 추리가 안 될 정도로 각각의 표지자가 극성을 가진다면 이때 내담자에게 "이런 경우의 수가 생겼습니다"라고 문의를 하는 방식으로 최초 표지자를 선정할 때 사용한다.

2

타로 해석학의 원리

　타로의 해석 원리는 타로를 헤르메틱 카발라Qabalah를 통해 이해한 이후에 몇 가지 알고리즘을 거쳐 '치환replace' 또는 '재구성refram-ing'의 과정으로 들어간다. 이후에 이를 사용하기 위한 방법론으로써 '분석심리학'과 '카발라Qabalah' 그리고 '수학'을 제시할 수 있게 된다.

　수학과 철학의 연관성을 생각하게 된 이유는 대부분의 저명한 수학자들은 철학자로써도 매우 뛰어난 업적들을 남긴 데다, 미지의 것에 대한 탐구심은 수학과 오컬트가 다를 게 없다고 판단했기 때문이다. 대부분의 수학자와 심리학자는 신비주의에 관심이 많았고, 반대로 신비주의자들은 과학적 개념이 반드시 신비주의의 질을 높일 것이라고 이야기한다.[53] 그뿐만 아니라 크로울리는 신비주의적 사상의 교의를 설명하려면 평형을 유지해야 한다며 '$ax2+bx+x=0$'이라는 방정식을 예로 들며 반드시 답은 '0'이어야 한다고 제시한다. 수학적 방법을 통한 철학의 이해를 선동한 것이다.[54] 아마도 크로울리는 연역법을 통한 진리의 통찰과 귀납법을 통한 진리로의 이해를 설명한 것으로 이해된다.

신비주의자, 수학자뿐만 아니라 물리학에서도 비슷한 개념을 가진 인물이 있었다. 두 번 다시없을지 모르는 물리학사 아인슈타인은 "종교 없는 과학은 절름발이며, 과학 없는 종교는 장님이다Science without religion is lame, religion without science is blind"라는 명언을 남겼다. 이 또한 과학적 증명을 통한 철학을 이해할 수 있어야 한다고 제시하는 것으로 생각되며, 과학적 논리에는 반드시 철학적 방향성이 있어야 한다는 것을 말한다고 생각된다.

나는 타로 해석하는 방법을 수학적, 물리적 방식으로 풀어보고자 했었고 그 연구를 하다가 이 방법에 매료되었다. 단순히 수학적, 물리적 방식으로만 풀어보는 건 신비주의 사상을 무시하는 것이므로 최대한 신비주의 사상에 대한 자료를 참고하려 노력했다. 그렇게 해서 알게 된 내용은 프로이트와 칼 융의 정신의 3구조, 수학의 3구조, 언어의 3구조와 흡사한 '해석의 3구조'였다.

타로 해석학의 3구조

타로 해석학의 3구조는 분석심리학(정신분석학), 수학, 언어학 이렇게 3개의 학문으로 증명 및 계산할 수 있다.

1) 분석심리학(타로 심리학)

칼 융은 프로이트와 함께 심리학 분야의 최고 권위자이다. 많은 현대 타로 권위자들이 타로 해석에 칼 융의 '분석심리학'을 참고했다. 칼 융은 정신분열을 주제로, 프로이트는 히스테리를 주제로 연구를 했다. 정신분석운동이 일어날 시기 두 사람은 대학자의 위치에서 심리학의 선두에 있었다. 이 두 사람의 이론은 서로 목적만 다를 뿐이어서 어느 쪽을 인용해도 불편함이 없지만 융은 신비주의에 관심이 많았기 때문에 문체나 개념에 신비주의적 사상이 많이 묻어있다. 그래서 신비주의자들이 융의 이론을 인용하는 것으로 생각된다.

프로이트 정신분석학의 정신 구조론에서는 최초의, 제일 깊고 중심을 이루는 구조로 다음의 것들을 먼저 제시한다. 신이 새겨 넣은 코드로 이루어진 나 자신과 자신의 원형Archetypes, 집단적 무의식Collective unconscious, 양성Anima, Animus이 그것들이다. 이를 무의식Unconscious이라고 칭하며 원초아Id라고 부른다. 그다음 구조는 개인적 무의식Unconscious, 콤플렉스Complex, 그림자Shadow를 포함하는 전의식Preconscious이며, 자아Ego라고 부른다. 마지막은 콤플렉스와 그것을 의식Conscious하여 외부사회와 자아 사이에서 윤리, 도덕적으로 관리하고 자신의 외부로의 모습을 만들어내는 페르소나Persona의 근원인 초자아Super-Ego 구조다. 크게 이러한 3원적 기능 안에서 개성이 포함되는 모델이다.[55]

원초아이드, Id

원초아는 내적 또는 외적 자극에 의해 발생된 흥분에너지와 긴장을 외부로 배출하는 기능을 한다. 프로이트는 이를 '쾌락원리Pleasure principle'라고 정의했다. 그러나 이 원리는 일부분에 불과하다. 포괄적인 개념에서 생각할 때 원초아는 좀 더 근본적인 부분을 말한다. 우리는 배고프다고 의식하고 식사를 하게 되지만 과연 '무엇인가를 먹어야 한다'라는 행위의 근간은 어디에 있을까? '먹는다'라는 행동의 무의식의 뿌리는 원초아다. 타로를 명상할 때도 원초아를 의식하기 위한 명상을 하는 경우가 있다.

나는 이 원초아를 스프레드에서 과거에 배치했다. 키발리온의 인과관계의 원리에 의해 과거라고 배정된 영역은 반드시 시간에 의해 뒤로 오게 되는 것들의 원인이 된다고 생각한다. 과거를 시간으로 미분하면 현재와 같고, 적분하면 원초아와 같다.

자아에고, Ego

원초아만으로는 인간이 가지는 생존과 욕구실현 문제를 모두 해결할 수 없다. 인간이 아닌 동물들 또한 자신들만의 자아를 가진다. 공기가 있는 세상에서 살아남기 위해 하는 근본적인 행동들을 외부의 환경을 인지하기 시작하면서 비교하고 그에 순응하기 위해 자신만의 조건을 잡는다. 이는 진화의 과정과 흡사하다. 자아의 방향은 자신이 속해 있는 환경을 어떻게 대하느냐에 따라서 천차만별로 달라진다. 이 자아에 타로 카드가 지표가 될 경우에는 본인이 가거나 필요하거나 위치하고 있는 세피라 또는 경로를 넣어서 신비주의적 논리로 자신을 이해할 수 있다. 이를 나는 스프레드에 원초아와 마찬가지로 스프레드에 고정하고 지표를 만들며, 또 다른 지표인 타로 카드를 통해 두 가지 지표의 상호작용과 극성의 원리를 이용해 해석한다.

스프레드에 자아를 고정시킬 곳은 현재이다. 자아는 원초아에 의해 만들어진다. 원초아를 미분하면 자아와 흡사해진다. 즉, 원초아의 타로와 자아의 타로를 두고 원초아의 타로를 미분하고 자아의 타로와 비교하면 주체가 가고자 하는 방향을 가늠할 수 있다. 현재에 있는 지표들은 자신의 자아를 만들어내는 환경이 된다. 그리고 이 환경에서 만들어진 자아는 타로 카드로 발현된다.

초자아슈퍼에고, Super-Ego

초자아는 인성의 도덕적 비판 측면을 나타낸다. 자아가 만들어진 이후 이 자아가 진동의 원리에 의해 여러 가지 환경과 마주하면서 매우 많은 진동으로 결정을 선택하기에 이를 때, 자신만의 논리와 가치가 정의된다. 이렇게 정의된 가치는 자신의 도덕적 가치로 발전된다. 이 도덕가치, 윤리의식은 원초아에 의해 검산된다. 따라서 초자아에 의해 생기게 된 윤리의식의 본래 모습은 원초아에서 찾아야 한다.

이 윤리의식은 원초아에 의해 만들어지지만 이러한 기준에 의해 자신의 원초아와 반대 또는 다른 형태의 행동과 가치관을 외부로 발출한다. 이를 페르소나Persona라 한다.

타로 카드에서 초자아는 자신이 위치한 곳과 다른 성질의 것에서 찾을 수 있다. 타로 카드에서의 초자아는 역산을 통해 인성에 깃든 악마와 천사의 형태를 가늠할 수 있다. 나는 이 초자아를 스프레드의 미래 자리에 고정한다. 초자아는 원초아를 가진 인성이 현재라는 환경에 마주하여 어떠한 자아를 만들어낸다. 이렇게 만들어진 자아는 마찬가지로 미분하면 초자아가 된다. 지속적인 환경의 변화와 다른 자아와의 충돌에서 자아는 성장하고 더 나은 환경을 위해 '나아간다'.

집단무의식Collective Unconscious

타로의 원리로 집단무의식을 많이 거론한다. 집단무의식은 인류의 역사와 문화를 통해 공유된 정신적 자료의 집합이라고 정의되어 있다. 이 집단무의식은 타로를 공부할 때의 심리발현일 뿐 해석할 때의 심리발현에는 해당하지 않는다. 타로의 이미지와 상징을 보고 순간적으로 느끼는, 뇌에서 무의식 중에 계산되는 그 것을 말하는 것으로 이는 타로에 대한 이해에 들어간다. 해석학은 집단무의식에 의해 공부된 타로의 이해를 '사용'하는 학문이다. 따라서 해석의 원리에는 집단무의식이 들어가지 않는다.

2) 수학(타로 수학)

1990년에 저술된 『An Introduction to the History of Mathematics』에 수학이란 양, 구조, 공간, 변화 등의 개념을 다루는 학문으로 정의되어 있다. 수학이라는 학문은 대수학, 기하학, 해석학으로 세분화할 수 있다.[56]

기원전 2000년 전부터 전 세계 곳곳에서 수학적 지식이 기술되어 있는 문헌, 고서들이 발견되었고, 이러한 수학은 인류의 문화가 발전함에 따라 필요한 기술의 개발을 위한 문제를 풀기 위한 방법으로써 학습되어 왔다.[57] 중세에서부터 근세까지 수많은 수학자가 수학의 발전에 기여했고 이 기여는 물리학으로 이어져 문명의 발전에 기여했다.

17세기에 『방법서설』이라는 책으로 최초로 '해석기하학'을 창시한 자가 있었다. 그는 누구나 알고 있는 르네 데카르트이다. 후에 미적분을 만든 라이프니츠[58]는 물론이고 라이벌에 해당하는 뉴턴에게도 간접적 영향을 끼친 철학가이자 수학자였다. 난 해석기하학을 타로에 도입하는 것이 목적이었고 그 과정에서 수학을 통한 타로의 해석이 흥미로웠다. 여기엔 시각만 달리하면 합리적인 부분이 많다고 느꼈다.

타로 수학은 타로 해석학에서 가장 기계적인 역할을 하며, 프로그래밍된 시스템의 역할을 한다. 타로 해석학에서 수학의 기본적인 인용은 함수function에서부터 시작한다. 함수 이전의 것은 해석의 연습이다. 이 함수를 이용한 해석을 알기 위해서는 먼저 기본 수학 공식을 인용하는 방법을 숙지해야 한다.

수학을 사용하는 방법 또한 기본적으로는 3구조로 이루어져 있으며, 일련의 과정은 인과관계의 원리를 따른다. 기본적으로 다루게 될 타로 수학의 3구조는 사칙연산이다. 문장으로 하면 '앞선 숫자와 뒤에 오는 숫자를 더했을 때, 나오는 결과는 앞선 숫자에 뒤에 오는 숫자를 합한 것과 같다'라고 표현할 수 있다.

사칙연산은 타로 해석에서 매우 기본이 되는 시스템이다. 그러나 일반수학과 동일하게 생각하면 안 된다. 일반수학은 숫자를 이용해 숫자를 구하는 합리적 방식을 논한다. 타로 수학은 문장과 문장을 수학적 논리를 통해 새로운 문장과 극성의 원리를 증명하는 것이다.

3) 언어(타로 문법)[59]

타로 해석학에서 중요한 또 다른 파트는 언어이다. 후에 기술할 해석의 3요소 중 가장 중요한 정보를 담당하는 '질문'을 구성하기 때문이다. 유사성의 원리를 통해 같은 목적을 가진 모든 것들은 그들끼리 유사하고 극성의 원리에 의해 서로 다르더라도 다르다고 할 수 없다. 따라서 질문을 구성하는 언어는 질문을 대변하는 하드웨어 인 스프레드에도 유사할 것이고, 더 나아가면 소프트웨어 인 타로 카드에서도 유사할 것이다.

언어의 역사는 기원전 스토어 학파에서부터 소크라테스, 플라톤, 아리스토텔레스에 의해 연구되었다. 알렉산드리아 학파, 디오니시우스 트락스는 현재의 그리스어를 만들었고 서구의 언어권에 많은 영향을 미쳤다. 라틴어는 바로, 레미우스 팔레몬, 도나투스, 프리스키안에 의해 완성되었다.

언어학은 여러 부류의 논리로 나뉘는데 그중 나는 '통사론syntax'을 공부하여 타로 문법을 고안했다. 19세기 중반부터 언어학에서 품사들이 어떤 위치에서 어떤 의미를 가지는지에 대한 문법에 대한 연구가 발표되기 시작했고, 현재 영어의 대표적인 3형식인 '주동목SOV'의 개념과 의의를 논리적으로 논하게 된다.

언어는 보통 주어(체언), 동사(용언), 목적어(체언, 술어)로 이루어지며, 나라마다 다르지만 이 3가지의 품사를 중심으로 두고 다른 품사들이 들어오고 나가면서 문장을 만들고 정보를 전달하게 된다. 한국어는 '주어·목적어·동사SOV'라는 기본적인 언어 전달 형태를 가지고 영어는 '주어·동사·목적어SVO'의 형태를 가진다.

해석을 하면서 느낀 것은 한국어의 주목동 형태보다 영어권의 주동목 형태가 서양권 문화의 철학과 합리적인 고리를 가지고 있다는 것이었다. 체언과 체언을 이어주는 건 동사라는 뜻이고, 이는 카발리즘Qabalism 그리고 테트라그라마톤 공식의 개념과 I.A.O 공식과도 일통한다.

주어(S)

주어는 명사, 대명사로 이루어진다. 명사는 사람, 사물, 동물, 장소의 명칭을 말한다. 대명사는 명사를 대신하는 대표적인 명사로 사용된다. 주어의 역할은 문장을 지배하고 문맥의 시발점이 되는 것이다. 따라서 문장 속에서 과거 그리고 원초아에 해당한다.

스프레드에서는 과거를 단순한 주어로 생각하면 안 된다. (단, 원카드 해석에서는 과거가 주어가 된다.) 문맥이 가지는 그 흐름의 시작 부분을 담고 있고 주어가 있어야 뒤의 문맥의 흐름이 나올 수 있는 것이 당연하기 때문에 '과거=주어'라고 이해하기보다는 '과거=문맥의 주체 및 시발점'으로 이해하는 것이 바람직하다. 주어는 성별의 법칙에서 남성적 성향을 가진다.

동사(V)

동사 자리에는 동사만 올 수 있다. 동사는 주어의 행동을 표현할 때 사용한다. 이 동사는 주어를 이끌어 목적어로 데려다 준다. 일반 언어와 다르게 타로 언어에서는 풀지 않는 이상 숨은 의미를 알 수 없다. 따라서 주어와 동사만으로 타로를 해석하려고 하면 이질감과 위화감이 생긴다.

이 동사의 역할은 이런 무작위의 방향성을 목적어로 끌고 가는 역할을 하는 것이다. 주어는 혼자 있을 수 있다. 목적어 또한 의미가 아닌 품사로만 봐서는 혼자 있어도 무방하다. 그러나 동사는 주어와 목적어가 있어야 존재 가치가 생기게 된다.

동사는 자식이다. 주어와 목적어 사이에서 태어난 아이이다. 이 3개는 상하구조가 아니라 수평구조를 가진다. 동사는 성별의 원리에서 문맥에 따라 성별이 결정된다.

목적어(O)

목적어는 명사, 대명사로 이루어진다. 목적어는 주어가 향해가는 방향에 대한 방향으로써 제시된다. 주어는 당당하고 능동적이지만 목적어는 수동적이고 수용적이다. 동사는 목적어에 의해 교육되며, 주어에 의해 자신의 위치를 확고히 한다. 목적어는 성별의 원리에서 여성적 성향을 가진다.

언어와 분석심리학 그리고 수학 이렇게 3개의 콘텐츠가 각자 독자적인 3구조를 가지고 있고, 이 시스템은 유사성의 원리로 모두 통합되며, 극성의 원리로 다르지만 다르지 않은 구조로 스프레드에서만 3개로 이루어진 기본적인 평면세계를 만들 수 있다.

Ex) 1+2=3

○ 타로 수학의 3구조: 한 개에 두 개가 추가로 생겼을 때, 세 개가 된다.

○ 3카드 스프레드: 과거의 한 개가 현재의 두 개에 의해 미래의 세 개가 된다.

○ 타로 심리학의 3구조: 한 개를 가지고 있었다(원초아). '이 한 개에 두 개가 더 있으면 어떨까?'라고 생각한다(자아). 그래서 나는 두 개를 더 얻어내어 세 개를 만들 것이다(초자아).

○ 타로 문법의 3구조: 한 개가(주어) 두 개를 만났을 때(동사) 세 개가 될 것이다(목적어).

4

타로 해석학의 3요소

타로 해석을 진행함에 있어 3가지의 요소를 숙지하고 있어야 한다. 이 3가지 요소는 타로 카드, 질문, 스프레드이다. 단지 타로 카드 한 장 한 장의 의미만 알아서는 모든 해석을 다 할 수는 없다. 타로 카드가 해석에서 어떤 위치에 있고 어떤 역할을 하는지, 그리고 이 타로 카드를 해석할 수 있게 도와주는 것들은 무엇이 있는지, 그리고 그것은 어떻게 분석해야 하는지를 숙지하도록 한다.

1) 타로 카드

점술로써 타로 카드란, 표지자를 얻지 못하면 사용하기 어려운 최악의 도구이지만 어떤 점술도구보다 정밀하고 선두적인 시스템을 가지고 있다. 명리학과 점성학은 생년월일시만 있다면 해당 주체의 흐름을 읽을 수 있다. 그러나 타로 카드에는 생년월일시를 적용할 수 있는 기술은 아직 개발되어 있지 않다. 따라서 그 사용방법이 난해하고 특별한 조건이 성립되지 않으면 읽어낼 수가 없다.

명리학과 점성학은 생년월일시라는 최초 표지자를 기초로 하여 파생, 확장해나가는 시스템이라면, 타로 카드는 이 표지자를 카드의 선택 또는 내담자의 외견을 통해 먼저 지정해준 뒤, 다음 단계로 넘어가야 한다. 사실 이 시스템은 비효율적이다. 선택이라는 행위 자체가 선택하는 자의 집중력과 우주의 흐름을 어떤 가치와 논리로 느끼느냐에 따라서 달라지는 것이고, 따라서 기준점이 획일화되지 못하기 때문이다.

이러한 집중력과 흐름을 느끼는 행위를 트랜스 상태Trance라고 한다. 2010년 Ronald J. Pekala이 트랜스 상태를 최면의 다른 이름이라고 말한다.[60] 타로에서의 트랜스 상태라는 것은 내담자와 감정을 극한으로 교류하며 그 내담자의 상태에 내 자신이 취하는 상태를 말하고 이 상태에 접어들었을 때 타로 카드의 해석에 중심이 잡힌다. 문제는 이 상태에 접어드는 방식이나 논리가 사람마다 다르기 때문에 타로 카드의 해석을 책이나 논문으로 문장으로 전달하기란 난해하다는 점이다. 더군다나 이 트랜스 상태를 본인이 경험했는지 안 했는지 모르는 사람도 많다. 따라서 본인이 이미 트랜스 상태에서 해석을 하는 사람인데도 불구하고 트랜스 상태를 회의적으로 대하기도 한다. 아이러니하다.

명리학이나 점성학은 이러한 트랜스 상태가 절대적 조건이 되지 않는다. 따라서 명리학과 점성학은 사용을 시작하기에 참 용이한 프로그램이다. 그리하여 이들 학문에는 많은 연구자가 발생했고 현재의 거대한 점술 프로그램이 되었다. 그러나 타로 카드는 프로그램화되기 어려웠다. 명리학이나 점성학과 비교하여 분명히 장점이 있는데도 말이다. 명리학과 점성학은 마치 기찻길을 달리는 기차의 정거장이 명확히 어떤 형태이고 어떤 손님을 태울 것이며, 어떤 상태로 존재할 것이다라는 것밖에 읽을 수 없다. 반면 타로는 기차로 한정되어 있지 않다. 비행기, 자동차, 말, 자전거, 오토바이, 킥보드 등 자유롭게 모든 탈 것들에 정거장을 정하지 않아도 되며, 순간순간의 변화를 체크할 수 있다.

일반적으로 타로 카드의 해석은 트랜스 상태에서의 직관력을 활용하는 것으로 여겨진다. 이 논리를 반대하진 않는다. 그러나 그런 시스템은 특별한 사람만 할 수 있는 시스템이 된다. 나는 명리학과 점성학처럼 평범한 사람도 공부를 통해서 활용할 수 있는 시스템을 구축해야 발전이 있다고 생각한다.

해석에서의 타로 카드는 피와 살, 근육 등의 육체를 이루는 단백질과 같다. 뼈대인 스프레드와 영혼인 질문을 토대로 여러 가지 피조물을 창조하는 데 사용된다. 해석학에서의 타로 카드는 공기의 속성을 가진다. 양성을 가지며 극성을 가지는 뼈대와 영혼을 조화롭게 이어주고 버티도록 도와준다.

이러한 타로 카드를 해석할 때에 나는 특별한 12개의 법칙이 존재함을 발견하였다. 그중 10~12번까지의 법칙은 이 책에서 설명이 안 되어 있는 Adonai paean의 헤르메틱 카발라를 통해 이해가 가능하다. 보통은 1~9번 법칙까지는 대중적으로 통용될 수 있다.

2) 타로 해석 12법칙

① 표지자 중심법칙

모든 카드의 흐름은 질문의 표지자를 중심으로 이루어진다. 스프레드 내의 모든 카드는 반드시 표지자를 중심으로 해석해야만 한다.

② 질문 의존의 법칙

질문의 시제, 주체, 속성에 의존하며, 이것들에 따라 발생키워드가 달라진다.

③ 스프레드 의존법칙

카드가 포지션이 배정된 스프레드 위에 위치한 순간 그 타로 카드는 스프레드의 포지션에 의존하여 키워드를 발생시킨다. 단, 같은 질문으로 같은 스프레드를 다시 진행하면 이 법칙이 깨진다. 이 순간부터는 타로 카드가 해석도구로서 기능을 제대로 하지 못한다.

④ 연계의 법칙

스프레드에서는 두 장 이상의 카드가 만나면 논리에 의해 새로운 키워드가 발생한다. 단, 확장키워드는 표지자의 중심에서 벗어나지 않아야 한다. 이 법칙을 단순한 연계해석으로 치부하면 안 된다. 두 장 이상의 카드가 만나서 가지는 확장키워드는 일반적인 룰이고, 카드가 포함되어있는 다양한 집단의 영향력도 가져와서 연계가 될 수 있으며, 두 장 이상의 카드배열에서 카드의 다양한 조합을 형성하여 연계할 수 있음을 이야기하는 것이다.

⑤ 경로의 법칙

스프레드의 구조가 헤르메틱 카발라를 응용한 구조일 경우 카드는 각각 자신이 가진 고유의 위치 주변의 카드를 블랭크 카드로 가져올 수 있다. 이는 시제에 따른 카드 위치에서 현현의 경로에서 앞선 것을 과거로 제시할 경우도 있고 의식발현의 경로 중 뒤쪽 경로를 과거로 제시할 경우도 있다. 즉, 경로 발현 순서는 시제에 따라 반영된다. 이 발현 경로는 다음 경로를 뛰어 넘을 수 없다.

⑥ 키워드 극성의 법칙

카드는 독단적으로 존재하더라도 고유의 위치 에너지에 포함하는 다른 카드를 동시에 가져올 수 있다. 타로 카드는 선택된 상태이다. 따라서 비슷하거나 같은 맥을 가진 키워드를 가진 카드들의 부정으로 생각할 수 있다.

⑦ 프렉탈의 원리

세계관(대우주, 세계, 소우주)과 주체를 달리하여도 멀티키워드가 발생하여 해석이 가능하다. 단, 이 멀티키워드는 반드시 표지자의 중심에서 벗어나지 말아야 한다. 이는 해석과 타로의 이해의 전반적인 개념에서 프렉탈의 원리가 사용될 수 있다는 것을 의미한다.

⑧ 시간 의존 법칙

해석의 방향은 하위 시간에 의존한다. 이전의 시간(과거)은 반드시 지금의 시간에 영향을 주게 되며, 이는 표지자뿐만 아니라 표지자를 포함하고 있는 집단에도 직간접적으로 영향을 주고 있다고 가정하여야 한다.

⑨ 해석 독립 법칙

해석의 추리는 시간의 압력에서 독립적이다. 해석에 대한 검산을 진행할 때, 해당 위치에 있었던 사건이 어떤 시간에 있었든 그것을 검산하는 과정에서 모든 시간으로 포함될 수 있다. 가령 과거에 대해 해석을 진행하고 검산을 할 때 과거의 상황을 과거보다 더 과거의 상황에 대한 현재 또는 과거의 과거에 대한 현재의 미래의 상황 등으로 시간에 구애받지 않고 독립적인 해석검산을 진행할 수 있다.

⑩ 메이저 상호관계 법칙

메이저 아르카나끼리의 극성과 상생, 친목의 성질을 가지는 짝이 존재한다. 이는 어떤 패턴으로 읽느냐에 따라 짝으로 가진 메이저카드가 스프레드에는 존재하지 않지만 같이 움직이고 있으며, 상호관계에 있는 메이저 카드는 패턴에 따라 반대로 해석해도 의미가 통한다.

⑪ 마이너 종속의 법칙

마이너는 메이저에 종속되어 있다. 경로의 법칙에서 파생한 이 법칙은 마이너와 메이저 간의 관계를 통해 마이너 고유의 속성뿐만 아니라 종속되어 있는 메이저의 영향도 받으며, 궁극적으로 코트카드의 지배권 안에서 에너지를 발출한다.

⑫ 코트카드 지배의 법칙

4장의 코트카드는 메이저와 마이너 모두를 지배하는 영향력을 행사한다. 원소 배합과 종류, 연산 과정은 메이저가 더욱 많이 가지고 있지만 4장의 코트카드는 그 메이저를 넓은 시야에서 지배함으로써 메이저 5개와 마이너 20개를 지배한다. 반대로 해당 코트가 지배하는 영역의 메이저와 마이너는 이 코트카드의 명상 가이드라인이 될 수 있으며, 이를 통한 해석도 가능하다.

3) 질문

해석에 필요한 첫 번째 요소는 질문이다. 타로는 내담자의 질문을 듣고 타로 카드를 섞는 행위인 셔플Shuffle을 진행한 뒤, 각자의 방법에 따라 카드를 선택하며, 내담자의 질문에 맞춰 스프레드를 선정하고 배열한 뒤 해석한다. 이 일련의 해석 준비 과정에서 질문은 가장 먼저 내담자와 리더를 이어준다.

타로 카드를 질문 없이 해석하다 보면 타로 카드에는 수많은 의미가 있다는 것을 알게 된다. 따라서 읽혀지는 의미 중 어떤 것을 해석에 사용할지 모르게 된다. 즉, 타로를 읽겠다, 해석하겠다는 최초의 의지는 질문에서부터 시작한다.

이 질문은 해석의 과정에서 원초아에 해당하며, 타로로는 마이너 아르카나의 2번(호크마)에 해당한다. 해석은 질문에서부터 시작한다. 해석을 유연하게 하기 위해서는 질문의 패턴과 분석이 중요하다. 질문을 알게 되면 타로의 최초 해석 시점과 기준을 잡을 수 있다.

질문은 '3주체', '4속성', '3시제'를 가진다.

① 3주체

질문은 내담자 본인을 기준으로 자신의 입장, 상대의 입장, 자신과 상대의 입장(관계 또는 상황)의 3가지 입장으로 나뉠 수 있다.

질문의 유형과 시점은 해석을 시작할 때 매우 중요하다.

내담자 자신의 입장일 경우 자신의 행위가 어떻게 나타나는지를 말한다. 타로는 표지자 중심법칙에 의거하여 만약 내담자 자신의 입장일 경우, 카드를 상대방 입장으로 해석하면 안 되며, 내담자가 상대방의 마음을 체크하고자 할 경우에는 상대방이 표지자가 되므로 상대방의 시점에서 이해해야 한다. 물론 내담자가 상대방과 연결 지어 질문을 할 경우에는 내담자뿐만 아니라 상대방의 정보까지 동시에 전지적 관점에서 보고 이해해야 한다.

질문에 맞춰서 어떤 시점에 비중을 둘 것인지에 대해서도 스스로 기준을 만들어 두어야 한다. 이것을 나, 너, 우리로 간략하게 이해할 수 있는데 여기서 만약 '너'를 중점으로 둘 수 있는 질문이라고 해서 나머지인 '나'와 '우리'를 버리고 해석하면 안 된다. 표지자 중심법칙에 의해 표지자를 중심으로 카드를 읽어야 하지만 프랙탈 원리, 연계의 법칙, 해석 독립 법칙으로 인해 그 주체에게 영향을 주는 모든 것들은 다양한 시점에서 역추리가 가능하다.

예를 들어, '나는 저 여자와 사귈 수 있을까?'는 내가 주체이므로 내담자 자신에 대한 방향으로 읽는다. '저 여자는 나와 사귈 수 있을까?'는 저 여자가 주체이므로 상대방에 대한 방향으로 읽는다. '나와 저 여자는 사귈 수 있을까?'는 나와 저 여자가 주체이므로 두 사람이 합쳐진 관계에 대한 방향으로 읽는다.

② 4속성

질문의 속성은 해석 기본 틀을 잡는 데 아주 큰 역할을 한다. 예를 들면 이성과의 관계에서의 컵2와 비즈니스의 성사 여부에서의 컵2의 차이는 매우 크다. 나는 질문 안에서 타로 카드의 키워드가 해석에 의해 방대한 확장패턴이 생기는 것을 한정하기 위해 질문에 4원소 속성을 매치하여 구분하였다. 속성으로 구분하면서 느낀 것은 이 속성 구분이 시점의 구분과 흡사하다는 것이었다.

○ 불 속성

불 속성의 질문은 내담자의 목적이 자신의 발전이거나, 상태, 혹은 자기 자신만을 위한 것을 말한다. 이는 질문의 목적이 1인칭일 경우로 구분하면 수월하다. 예를 들면 다음과 같다.

> 내가 물고기 사업을 하면 잘될 수 있을까?
> 내가 면접을 잘 볼 수 있을까?
> 나의 성향은 어떠한가?
> 내가 고백을 할 수 있을까?

이와 같이 1인칭인 내가 무엇인가를 하거나 무엇인가를 얻기 위한 질문일 때 불 속성의 질문이 된다.

○ 물 속성

물 속성의 질문은 목적이 자신이 자신 이외의 누군가와 관계를 맺는 행위일 경우이다. 이는 질문의 시점이 2인칭 시점일 때로 구분하는 것이 수월하다. 예를 들면 다음과 같다.

내가 저 사람과 사귈 수 있을까?

내가 저 사람에게 고백을 하면 어떻게 될까?

저 사람이 나에게 어떤 감정을 품고 있을까?

면접관이 나를 마음에 들어 했을까?

저 사람은 나에게 왜 신경질적인가?

이처럼 주체인 나 이외에 너가 있는 경우 물 속성을 가진 질문이 된다. '만약 저 회사는 나와 잘 맞을 것인가?'라는 질문일 경우 2인칭으로 생각될 수 있지만 실제론 3인칭 시점인 공기 속성의 질문이다.

○ 공기 속성

공기 속성의 질문의 사건이 주체가 되거나 주체가 상대하려고 하는 개체가 물건이나 상황일 경우를 말한다. '나'라는 질문자와 '너'라는 대립자 그리고 그 '나'와 '너'로 인해 생기는 사건을 조명하려 할 때 소수의 인간들이 영향을 줄 수 있는 사건의 경우 3인칭 시점이라 하고 이 시점은 공기의 속성을 가진다. 예를 들면 아래와 같은 것들이다.

지금 진행하고 있는 프로젝트가 원활하게 해결될 수 있을까?

법적 소송 문제가 어떻게 해결될 것인가?

이 사람과 결혼할 수 있을까?

이번 년도 수능이 어렵게 출제가 될 것인가?

이와 같이 나와 너 이외의 사건을 조명할 때의 속성이다. 여기서 물 속성과 공기 속성을 헷갈려 하면 안 된다. 물 속성은 나와 너라는 주체 안에서 움직이는 흐름이고 공기 속성은 나와 주변, 집단이 움직이는 흐름이다.

난 이 사람과 '사귈' 수 있을까?

→ 교제의 정의는 1:1 상호 커뮤니케이션이므로 물 속성이다.

난 이 사람과 '결혼할' 수 있을까?

→ 결혼의 정의는 1+1, 새로운 공간을 창조하는 결합의 형태이므로
   1:1의 대립을 경계하고 주변의 영향력을 조명해서 풀어가야 하기
   때문에 공기 속성으로 보는 것이 옳다.

O 땅 속성

땅 속성의 질문은 소수의 인간들이 간섭할 수 없는 수준의 상황을 질문으로 할 때이다. 이는 전지적 시점과 흡사하다. 예를 들

면 다음과 같다.

대통령이 탄핵이 될 것인가?

전쟁이 일어날 것인가?

이 지역에 사드가 배치될 것인가?

우리 회사가 부도의 위기에 있는데 이 위기를 벗어날 수 있을까?

소수의 인간이 간섭하여 될 문제가 아닌 이런 경우를 땅 속성으로 본다. 땅 속성은 집단과 집단 간의 문제를 다루는 속성이다.

질문의 속성을 간단하게 위와 같이 4가지 속성으로 분류할 수 있다. 이 속성별 질문에 따라서 마이너 원소의 패턴이 달라지게 되고, 그에 따라 해석방법도 달라지게 된다.[61]

③ 3시제

3시제는 해당 질문에 대한 시제이다. 일반적으로 질문은 과거형, 현재형, 미래형으로 이루어진다. 과거형의 경우 주체가 과거에는 어떤 일이 있었던 것인가를 알고 싶을 때 진행한다. 과거의 잘못을 좀 더 자세히 조명하고 싶거나, 알고 있는 사람 또는 사물의 과거 형태를 알고 싶을 때 사용한다. '내가 헤어진 여자의 과거의 마음은 어떤 마음이었을까?'라는 식의 과거 형태를 가진 질문을 말한다.

현재형의 경우는 '주어가 동사를 하게 되면 어떻게 될까?'로 현재의 비중이 매우 큰 질문을 말한다. '내가 저 여자와 사귈 수 있을까?'와 같이 주어인 '나'가 동사인 '사귄다'를 하게 될 수 있을지가 궁금한 것이다. 서술어를 목적으로 하므로 현재의 시점에서 '나'와 '저 여자'를 파악해야 한다. 만약 같은 질문에서 '내가 저 여자와 사귀게 된다면 어떻게 될까?'로 질문이 변형된다면 미래형이 된다. 이것은 현재가 결정된 상황에서 미래로 진행될 경우를 말한다.

질문의 시점은 매우 중요하다. 스프레드를 해석할 때 서술어를 어떻게 넣어야 하는지 결정되며 해석 과정에서의 서술어의 시점 변화는 내담자의 성향과 사건에 대한 패턴을 세밀하게 조명하는 데 매우 큰 역할을 한다.[62]

○ 표지자: 20대 초반 남성과 여성(표지자가 시제 설명에 방해가 되지 않게 외관으로 변수를 만들지 않을 정도로 성인이 된 그러나 진지한 경험이 없는 순수한 이, 즉 0에 가까운 상태로 가볍게 잡아 본다. 미성년의 연애경험과 학습을 통한 연애경험에 의한 미분적 변수는 생각하지 말자)

내가 사귀었던 여자의 마음은?

나는 저 여자와 사귈 수 있을까?

내가 저 여자와 사귀게 된다면 어떻게 될까?

이 세 가지의 질문에서 만약 여황제가 나왔을 경우 해석의 방향은 매우 다르다.

'여황제'의 키워드와 질문들을 간단하게 다음과 같이 정리할 수 있다.

- 질문: 내가 사귀었던 여자의 마음은?

    (주체→상대방, 시제→과거)

    나는 저 여자와 사귈 수 있을까?

    (주체→나, 시제→현재)

    내가 저 여자와 사귀게 된다면 어떻게 될까?

    (주체→우리, 시제→미래)
- 질문속성: 나와 상대방의 관계를 묻는 질문이므로 '물 속성'
- 덱: 크로울리 타입
- 게마트리아: 360
- 히브리어: 달레트
- 경로: 14
- 스프레드: 원카드

위의 정보를 조합한 뒤, 질문의 속성인 '물'에 대비하여 보았을 때, 여황제의 키워드는 '꿈꾸는 이상적 연애와 관계', '자신의 욕구에 대한 의지 실현', '주변을 의식하지 않고 만들어진 조건 실행', '그 결과로 인한 정신적·육체적 풍요로움'으로 가정할 수 있다.

○ '내가 사귀었던 여자의 마음은?'

첫 번째 질문인 '내가 사귀었던 여자의 마음은?'이라는 과거 형 질문에서 나온 카드는 목적으로 하는 개체가 주체가 된다. 따라서 이와 같은 과거 형태의 질문은 대상이 되는 주체를 중심으로 질문을 재설계하는 게 수월하다. 질문을 '여자는 남자와 사귈 때 어떤 마음이었을까?'로 수정하게 되면 주체가 가지는 방향성을 좀 더 부드럽게 연결하면서 결론을 이끌어 낼 수 있다. 이런 질문에 대해서 나온 카드의 경우는 주체가 되는 개체가 행동하는 동사에 한정하여 개체 자체를 반영한다. 만약 이와 같은 과거형 질문에서 여황제가 나왔을 경우, '여자가 남자와 사귈 때만을 한정하여 여황제한 것'이라고 이해할 수 있다. 여기서 각자 만든 키워드를 넣게 되면 다음과 같은 기본 해석틀을 만들 수 있다.

'여자는 환상적 연애를 꿈꾼다. 그리고 그 연애를 이 남자와 실현하려고 했을 것이다', '이 여자는 남자와 연애를 하면서 주변 상황을 고려하지 않은 채 어떤 조건을 실행하려 했을 것이다', '이것들의 결과로 이 여자는 남자를 통해 정신적 육체적 풍요로움을 가지고 싶었을 것이다.'

여자는 남자를 사랑하기도 했겠지만 자신만의 특별한 조건이나 목적이 있었을 것이라고 생각할 수 있다. 이 목적이 자신의 환상에 관련된 부분이긴 하지만 좋은 목적인지 아닌지를 알기 위해서는 '키워드 극성의 법칙'[63]에 의해 여황제 이외의 카드가 배제된 상태로 생각할 수 있다. 즉, 여황제와 비슷한 맥락을 가진 카드를 부정하고 경로의 법칙에 의해 같은 경로를 가지는 카드들의 영향까지도 계산하면 해석이 가능하다. 만약 한 장의 카드가 아닌 두 장 이상의 카드를 추가로 뽑았을 경우 '연계의 법칙'[64]을 통해서도 확인이 가능하다.

이 질문은 '~했었던'이므로 현재 상황은 이별상태라는 것을 알 수 있다. 그렇다면 여자의 과거의 마음은 현재 시점의 이별로 가게끔 되어 있던 마음상태였다고 생각할 수 있다. 따라서 '과거의 마음→현재의 이별'로 만들어진다고 볼 수 있고 이는 과거에 어떤 목적과 의지가 있던 상태에서 만나게 된 여성의 심리상태를 여황제로 발현하여 보여준다고 생각할 수 있다.

그녀의 당시 심리상태는 그 목적과 의지의 발생에 대해 내담자인 남자가 방해가 되거나, 방해를 했거나, 다른 남자가 더 도움이 되었거나, 방해는 없지만 목적이 달라졌거나 등의 상태였다는 것을 유추할 수 있다.

과거형의 질문 카드는 주체가 어디로 가는지 파악한 뒤 과거형 시제로 문맥을 만들면서 해석하며, 경로해석, 확장해석, 연계해석을 통해 다양한 맥락을 만들 수 있다.

○ '나는 저 여자와 사귈 수 있을까?'

두 번째 질문인 '나는 저 여자와 사귈 수 있을까?'의 현재형 질문에서 나온 카드는 내가 저 여자와 사귈 수 있는 상태인지 아닌지를 파악할 수 있는 중요한 단서이며, 더 나아가 이 두 사람의 관계 좌표를 체크할 수 있는 지표로 해석할 수 있다. 현재형에서의 여황제는 과거형에서 주체가 목적으로 하는 개체로 바뀌었다면 이 경우는 주체 자체의 상태와 행동패턴을 표현한다. 즉, 주체가 목적으로 하는 것에 대한 주체의 현재 행위에 대해서 카드로 나타나게 된다. 고급해석에서는 이 질문의 3시제가 3세계관으로 확장된다.[65] 이때는 좀 더 다양한 질문 패턴을 만들어 아주 많은 양의 정보를 얻을 수가 있다. 여기서는 단지 현재형 질문에 대한 소개와 설명이므로 단순히 '나는 사귀기 위해 여황제하는데 여자와 사귈 수 있을까?'로 생각해보자.

> '내가 저 여자와 사귀기 위해 하는 행동은 나 자신이 좋아하는 사람이 생겼을 때 하고 싶었던 소망 가득한 행동을 실행한 것이다(자신의 의지 실현, 발현).'
> '내가 저 여자와 사귀기 위해 하는 행동은 주변을 의식하지 않고 자신의 목적을 발현시키기 위한 행동이다.'
> '나는 이 행동들을 통해 정신적 육체적으로 풍요로워질 것이다.'

정도의 차이는 있겠지만 남자인 내가 저 여자와 사귀기 위해 하는 행동은 의지의 발현으로 보이며, 이는 자신의 마음을 표현하기 위해 노력을 하고 있다는 개념으로 이해된다. 그 의지의 발현이 비록 자신만의 경험과 사고로 만들어진 이상적 연애일지라도 그 목적을 향한 강단도 있다. 따라서 지금 요령은 없지만 현재 자신의 마음을 여성에게 잘 표현하고 있는 상태로 생각된다. 여기서도 마찬가지로 이건 이 남자의 입장일 뿐이므로 관계가 만들어지기 위해서는 남자의 입장이 아닌 여성의 입장도 중요한 건 당연할 것이다(단, 표지자 중심법칙에 의해 주체를 여성으로 바꿔서 여황제를 해석하면 안 된다). 남자의 입장에서 적극적인 표현이 여자에게 신뢰를 줄 것인지 아닌지 여황제로는 알 수 없다. 이 부분은 '경로의 법칙'[66]을 통해 이 남자의 행동반경을 축소하여 확인할 수 있다. 경로의 법칙으로 여황제는 바보를 통해서 왔고 교황으로 가지 않았으며, 마법사는 배제했다가 된다. 해석하면 순수한 열의로 상대방을 바라보고 있고, 이러한 열의와 사랑을 욕망과 자신의 욕구, 거짓으로 해결하지 않으려고 할 뿐 아니라 지금 상태에 안주하지 않고 소유욕이 아닌 자신을 위해 자신과 싸우려는 자세와 마음가짐으로 그녀를 대하고 있다고 해석이 된다. 그러나 마법사가 배제된 상태이기 때문에 요령 있게 다가가진 않았을 것으로 생각할 수 있다.

이것만으론 결론이 나오질 않는다. 그래서 프렉탈 원리로 대우주의 세계관으로 읽게 되면 대우주에서의 여황제의 에너지는 '신의 응원'으로 생각하며 대우주가 최초로 어떤 형태를 가질 때 가장 기대를 하고 있는 시점이 여황제이다. 그 기대에 여황제는 당연하게 부응하려 한다. 신은 무엇인가 만들었고 그것을 여황제를 통해 발생시키려 한다. 그러나 고생은 자신이 하는 것이기에 그 기대에 부응하려는 모습은 확연하게 표현하지 않는다. 따라서 여황제는 티는 안 나지만 결국은 서로 마음에 있다는 결론을 가지며 사귀게 되는 결론으로 끌려간다고 해석할 수 있다.

이 전반적인 흐름을 파악하면 여자는 순수하게 보였던 남자의 행동과 용기에 진심을 느꼈던 것이고 이기적으로 자신의 환상만을 가지고 다가갔던 행동이 여자 입장에서는 도리어 좋은 감각으로 느껴졌을 가능성이 생긴다. 이는 여자가 머리 쓰는 남자를 좋아하지 않는 타입이라는 것이 되고, 이 말은 머리 쓰는 남자가 지금까지 많이 접근했다는 이야기가 된다. 즉, 이 남성에게 굉장히 매력 있는 여성으로 비춰질 수 있는 사람이 된다. 따라서 지금 이대로 용기를 가지고 여성에게 접근하면 가능할 것으로 해석할 수 있다.

○ '내가 저 여자와 사귀게 된다면 어떻게 될까?'

세 번째 질문인 미래형 '내가 저 여자와 사귀게 된다면 어떻게 될까?'에서의 타로 카드는 내가 해당 여성과 사귄 상태를 가정한 것이므로 사귀고 나서 바로 직면하는 관계의 문제에 해당한다. 질문은 사귄다는 가정으로 들어가므로 현재형의 질문과 비슷한 시제로 생각할 수 있지만 '앞으로 어떻게 될까?'의 형태이기 때문에 미래형 질문이 된다. 이 질문에서 여황제가 카드로 나왔을 경우 다음과 같은 결과가 나온다.

'앞으로 이 관계는 자신들이 꿈꾸는 환상의 연애(로맨스)를 하도록 의

지를 발현할 것이다.'

'앞으로 이 관계는 주변 시선을 의식하지 않고 자신들의 목적을 발현할 것이다.'

'이것들을 통해 정신적 육체적 풍족함을 누릴 것이다.'

과거형과 현재형 그리고 주체의 변화에 따라 같은 키워드를 가져도 굉장히 다른 의미를 가지게 된다. 이 관계는 앞으로 나아갈 방향이 여황제가 되는 것이므로 새로운 관계로의 도약, 지금까지의 관계와 전혀 다른 색다른 의지발현이 된다는 것이고 두 사람의 가치가 같은 목적지를 향한다는 점에서 매우 사랑스러운 관계가 될 것으로 보인다. 여황제는 호크마에서 비나로 가는 길목에 있다. 새로운 씨앗이 대지에서 발아 하는 과정에 위치한 것이 여황제이다. 미래형, 관계 주체로 연애에 한정하였을 때, 물론 표지자에 의한 변수와 다른 카드와의 변수가 반드시 생기겠지만 우선 '임신'이라는 키워드가 생겨날 가능성이 높다.

여황제를 간혹 임신이라는 키워드로 사용하는 리더들이 있는데, 어떤 이유인지 문의를 해보아도 논리적인 설명을 하는 리더가 드물었다. 도리어 '임신이라는 키워드를 무조건 가지지 않는다'라는 주장을 하는 이들과 논쟁하는 리더도 있다. 어찌 됐든 이 관계는 새로운 씨앗을 맺을 가능성이 높다. 원카드로서의 여황제는 '임신'이라는 키워드를 함부로 쓰기보다는 좀 더 정신적이고 감성적인 씨앗으로 해석을 확장해가는 것이 바람직하다. 따라서 이 관계는 '임신'을 할 수 있는 관계가 될 것이라고 해석하는 것이 좋다. 즉, 결혼을 생각할 수 있을 만큼 서로의 신뢰와 관계가 돈독해진다는 의미가 된다.

여황제를 물질계에서 '임신이 된다'라는 키워드로 당당하게 사용하려면 '태양' 또는 '절제', '은둔자', '악마' 등이 있으면 된다. 상황에 따라 매우 적절하게 실제 인간의 잉태로 해석이 파생될 수 있다. 적절한 마이너의 배합이 추가된다면 더욱 디테일한 해석이 될 수 있다. 어떤 카드든 그 카드가 가진 고유의 키워드(이를 해외에서는 전통적 의미Traditional mean라고 부른다)를 중심으로 하여 해석패턴에 따라 의미가 파생된다. 그뿐만 아니라 이 고유의 키워드도 각자의 스타일에 따라 선정하는 틀이 다르다. 나는 카발라의 의미를 기반으로 고유의 키워드를 재분석하고 그 키워드에 대한 증명을 진행하는 것을 기본적인 타로 공부로 진행했으며, 이 글을 읽는 당신은 다른 방식으로 공부를 하였더라도 이 해석이 가능하며 나의 이야기에 공감할 것이라고 생각한다.

〈질문의 분류〉

내담자 기준 과거형	상대방 기준 과거형	관계 기준 과거형
내담자 기준 현재형	상대방 기준 현재형	관계 기준 현재형
내담자 기준 미래형	상대방 기준 미래형	관계 기준 미래형

4) 스프레드

스프레드는 해석의 3요소 중 하드웨어적인 부분을 말하며, 타로 카드를 배열하는 위치를 지정해 놓은 방법을 말한다. 스프레드를 통한 해석 방식에 대해서 연구하는 사람들도 간혹 있다. 그러나 연금술과 헤르메틱 카발라로 한정하여 납득할 수 있는 연구는 없었다. 스프레드라는 시스템은 단순 명상자의 특별한 영적인 경험을 이끌어내기 위한 타로 카드의 배치이며, 타로 카드가 머무는 집과 같이 표현된다.[67]

개인적으로 스프레드를 대중적으로 점술을 위해 설명하려 했던 최초 인물은 웨이트라고 본다. 그는 『픽토리얼 키』에서 켈틱 크로스를 설명할 때 이전까지는 설명을 찾을 수 없었던 스프레드에 대한 의견을 이야기한다. 이 책에서 그는 "This mode of divination~", 즉, "이 점술 '모드'는~"이라며 스프레드를 최적의 점복占卜 시스템이라고 서술하며 시작한다. 마치 스프레드를 무엇인가의 법칙처럼 인지하고 이야기하는 듯한 이러한 서술은 방법론으로써 스프레드를 제시했다고 인지된다.

실제 점술로써의 스프레드라는 개념은 1900년대까지 존재하지 않았던 것으로 보인다. 정확히는 점술에 사용하기 위한 의식이 없었고, 특별한 경험을 위한 영적 의식으로써 상징들이 존재했고 그 상징들을 실체화하는 데 있어 타로 카드를 배열에 사용한 것으로 보인다.[68]

많은 공신력 있는 저서들을 살펴보면 스프레드는 점을 보기 위한 배열법이 아니었다. 헤르메스를 신봉하고 신의 언어를 듣기 위한 자신의 내면의 목소리를 듣기 위한 방법론이었다. 현재에는 이를 타인의 마음을 읽기 위한 시스템으로 받아들이고 사용되고 있다. 타인의 마음을 읽기 전에 자신의 마음을 읽는 것이 선행되어야 할 것이다. 그러려면 스프레드의 시스템을 알아야 할 것이다.

PART 3

스프레드 해석 공식

– 사칙연산 Arithmetic operation –

❖

　내가 스프레드를 이해하려는 목적은 앞서 설명한 해석의 3구조와 3요소를 수월하게 사용하는 방법을 구축하는 것이었다. 또한 언제든 누구든 해석할 수 있는 룰을 만들고 싶었고, 그 룰이 절대적이진 않을지라도 해석에 어려움을 겪는 사람에게는 통용되길 바라는 마음이었다. 그렇게 하기 위해선 시적인 용어, 비의적 표현, 명상용어, 마법용어보다는 좀 더 현실적인 언어를 사용하는 것이 좋다고 믿는다.

　나는 초등교육을 받았다면 누구든 알 만한 사칙연산으로 타로해석을 할 수 있는 공식을 만들고자 했다. 앞서 타로수학에서 말했듯 사칙연산을 이용한 해석은 해석의 기초단계이다. 수학에서의 사칙연산이 기초이듯 타로해석학에서도 이 사칙연산은 기본적인 틀을 제시한다.

1
타로 기수법

    수학적 방식의 기초를 공부하기 위해서는 타로 카드에 대한 일반적 이해를 일단 잠시 접어두어야 수월하다.[69] 여기서 타로는 미지수 아닌 미지수로 취급될 것이다. 그러나 우선 타로가 가지는 수학적 위치의 기본적인 의미는 알아야 할 것이다. 알레이스터 크로울리는 타로는 10진법을 사용하며, 그 부분은 매우 중요하다고 말했다.[70] 마찬가지로 나 또한 10진법을 통한 타로 카드의 구성이 매우 잘 짜여 있다는 것을 알고 있다. 다만 10진법의 기수법이라고 해서 10 단위로 끝나는 것이 아니기 때문에 타로 카드를 난해하게 생각한다. 우선 나는 다음과 같은 개념으로 타로 카드를 분류한다.

    타로는 32개의 숫자로 이루어진다. 이 중 1~10은 4개의 속성[71]으로 변수를 만들고 11~32의 숫자[72]는 앞선 1~10까지의 숫자를 복합적으로 이어주는 역할을 한다. 추가적으로 32개의 숫자를 운용하고 관장하는 4개의 상위 숫자가 존재하며 이 4개의 숫자는 다시 4개의 속성으로 변수를 만들어 총 16개의 숫자[73]로 운용된다.

이들은 매우 기민하고 교묘하게 서로를 연결해주고 이 과정에서 나오는 경우의 수는 상상을 초월할 난이도의 퍼즐을 만들게 된다. 타로를 단순 숫자화하는 것이 아니다. 타로 카드의 한 장 한 장은 하나의 단어이자, 문장이며, 문단이고, 한 권의 책이 되며, 하나의 인격이 되고, 하나의 사회가 되며, 하나의 세계가 된다.

내가 발견한 해석학의 3구조와 그 이후의 심화과정에서는 해석학의 3요소를 활용한다. 미지수인 x, y, z, w 그리고 a, b, c, d를 사용하여 방대한 시점과 사고, 사상이 엮여 있는 타로와 이것을 이해하려고 공부하는 자들의 자아 충돌을 최소화하고자 한다.

2

타로 해석에서의 사칙연산

숫자를 다루는 기본 방법은 사칙연산이다. 이는 8세기 페르시아의 '콰리즈마'에 의해 최초로 사용되었다. 사칙연산은 덧셈, 뺄셈, 곱셈, 나눗셈으로 이루어져 있으며, 이는 논리의 기본 알고리즘이다. 이들은 인류가 측량과 교류의 빠른 일 처리를 위해 만들어졌다. 비단 사칙연산뿐만 아니라 앞으로 모든 수학에서 사용하는 공식을 타로의 해석학으로써 사용할 수 있다. 이러한 사칙연산은 아주 간단하게 3구조를 갖추고 있다.

Ex) 2+4=6
2: 원초아
4: 자아
6: 초자아

위와 같은 3구조이다. 해석학의 3요소 중 하나인 스프레드의 운용은 이러한 사칙연산에서부터 시작한다. 이를 이용하여 수식이 가지는 의미와 심리학적 의미 그리고 이것과 신성문자 I.A.O로의 연관성을 기본으로 하는 공식을 제안한다.

1) 덧셈법칙

덧셈이란 '두 개 이상의 수를 받아 한 수를 계산하는 이항 연산이다'라고 정의되어 있다. 덧셈은 하나의 것과 또 다른 하나의 것이 전혀 다른 공간에 존재하고 다른 환경에 있었을 때, 그것을 하나의 고리로 연결 짓는 것을 의미한다. 이를 '합친다'라고 표현하기도 하며, '만난다', '인연을 맺는다'라고도 정의할 수 있다. 이 덧셈은 내면적으로는 '원초아로 인한 자아의 형성은 초자아를 만들게 된다'와 같다. 그리고 상황적으로는 '주어가 동사에 의해 목적을 이룬다'와 같다.

조금 더 깊게 고찰해보자. 만약 당신의 집에 애완견 a가 있다고 가정하자. a는 주인인 당신과 전혀 다른 환경과 삶을 가지고 이 세상에 존재하게 되었다. 당신 또한 강아지의 운명을 가지고 태어난 것이 아닐 것이다. 왜냐하면 당신은 인간일 테니까.

그렇다면 강아지 a와 당신의 만남은 당연한 것일까? '운명이 다르면 만나지 못하고 감정교류는 안 된다'고 가정할 때 이는 참인가, 거짓인가. 참일 수도 있고 거짓일 수도 있다.

덧셈이란 이것과 같다. 'a+주인'으로 표현할 수 있다. 덧셈 기호에서 세로줄은 앞의 것과 뒤의 것을 분리하는 역할을 하며 가로줄은 그 격리된 벽을 연결하는 역할을 한다. 여기에 덧셈의 철학적 정의가 담겨 있다고 볼 수 있다.

덧셈의 속성

덧셈은 꽤 비즈니스적 관계를 가진다. 애완견은 주인을 사랑한다. 물론 주인도 애완견을 사랑한다. 그러나 사랑만으로 이 관계가 유지되는 것은 아니다. 애완견은 주인에게 사랑을 주고 먹이와 간식을 받기를 원한다. 주인 또한 애완견에게 사랑을 주고 자신에 대한 충성심과 애교, 위안을 받으려고 한다. 이들이 주고받는 사랑이 가볍다는 것은 아니지만 이것만으로 이 인연이 안정될 수는 없다.

2) 뺄셈법칙

뺄셈의 정의는 '덧셈이 존재할 때 그것에 대한 역원'[74]이라고 제시되어 있다. 뺄셈은 덧셈이 기초되어야 한다. 덧셈이 연결고리를 만드는 것이라면 뺄셈은 이 연결고리를 분리시키는 것이다. 앞선 것에서 뒤에 오는 것에 대한 분리를 말한다. 이 뺄셈은 내면적으로는 '원초아는 초자아에서 자아를 분리한 것'과 같다. 그리고 상황적으로는 '주어는 목적어에서 동사를 분리한 존재'와 같다.

애완견 a와 당신이 만났다고 가정할 때(더해졌다고 가정할 때) 여기서 'a-주인'일 경우 a의 삶은 떠돌이가 될 것이며, 슬픔만 남을 것이다. 이는 반대로 '주인-a'일 경우도 마찬가지일 것이다. 그러나 덧셈에서도 설명했지만 a와 당신은 환경과 가치가 다르다. 따라서 앞선 것의 주체가 어떤 것이냐에 따라 결과값은 달라진다.

'1-2=-1', '2-1=1'인 것처럼 앞선 주체에서 뒤에 오는 주체가 빠지게 되고 그 결과값은 앞선 주체를 기준으로 산술된다. 당연한 이야기지만 동일한 주체를 뺄셈'만' 하는 것은 자살이라는 한 가지 경우 이외에는 존재할 수 없으므로 되도록 제외한다.

뺄셈은 부정형태이다

뺄셈은 분리의 의미를 가진다. 이를 타로해석에 대입할 때는 '분리'라는 단어보다는 '부정한다'라는 동사를 사용하는 것이 더 편하다. 예를 들어 'a-주인'일 경우, 애완견 a에게서 주인을 분리시키는 개념으로 이해했지만 타로 해석에선 '만약 a에게 주인이 없었다면'이라는 뜻으로 해석된다. 'a-주인'의 형태에는 덧셈법칙에 의한 애완견과 주인의 만남이 전제되어 있기 때문에 가정법을 사용하여 뺄셈을 하게 되고 결국 '만약 ~하지 않는다면'으로 사용하는 것이 용이해진다.

3) 곱셈법칙

곱셈이란 '두 개 이상의 수를 곱하여 값을 구하는 계산법'이라고 정의되어 있다. 이 곱셈은 덧셈과 비슷하면서 격이 다르다. 가령 'a+a'이라는 계산법을 고찰해보면 a라는 내가 또 다른 나인 a와 결합하는 것을 말한다. 이것이 의미하는 것은 다음과 같이 정리할 수 있다.

① 또 다른 나의 자아를 깨우치는 이중인격 (예. a×2=2a)
② 나의 단점이나 장점을 새로이 받아들이는 계기 (예. 2(a+b)=2a+2b)
③ 나와 비즈니스적 관계가 아닌(한 줄기의 연결고리가 아닌) 깊이 연결할 수 있는 또 다른 존재와의 연결 (예. x>2일 때, a×x=ax)
④ 전혀 다른 환경과 공간에서 존재하는 존재와의 억지스러운 교합 (예. a×b=ab)

①은 내 안에 또 다른 나 자신을 찾았을 경우이다. 이를 곱셈으로 정의할 수 있다. 후에 나오겠지만 타로 카드는 2장이 동일하게 있는 경우가 없으므로 ①은 '적분'[75]으로 이해를 따라갈 수는 있으나 확실한 결과를 도출하기는 어렵다.

②의 경우는 어렴풋이 또는 명확하게 알고 있던 나 자신 또는 주체에 대한 단점과 장점을 받아들이기 위해 직접적으로 움직이는 것을 말한다.

③의 경우는 주체와 비슷하거나 의식의 흐름이 동일한 존재들 끼리의 결합이다. 쉽게 말하면 동료애, 친구, 우정 등을 말할 수 있다.

④의 경우는 이성 간의 교제를 말한다. 이는 비즈니스적 성질을 가지지만 덧셈으로 연결할 수 없는 밀접한 연결고리를 가지며, 이 연결고리는 마치 억지로 재봉해놓은 기존의 옷감과 다른 색의 옷감으로 덧댄 것과 같은 현상으로 볼 수 있다.

내면적으로 이 곱셈을 이해해보면 '원초아와 자아의 봉합은 초자아의 발현'과 같고, 상황적으로는 '주어의 동사적 행동의 이유와 개념은 목적어에 의한 것'과 같다.

곱셈의 기호를 고찰해보자. 주체를 기준으로 위에서 아래로 가로지르듯 내려가는 선과 아래에서 위로 가로지르듯 올라가는 선이 교차되어 있다. 이는 묶음으로 표현하고, 자신과 다른 것을 인지하는데도 불구하고 억지로 얽매려는 인간의 성질과 욕심을 표현한다. 인간의 알고리즘에서 최초 곱셈은 이렇게 부정적인 건 아니다. '친구들과 사이좋게 지내고 싶다', '저 친구를 좋아한다', '저 이성과 교제하고 싶다', '나는 무엇이 잘못되었을까?' 등의 순수한 교류에 대한 욕심에서 시작된다. 그러나 이것이 지속되면 친구관계는 정치로 진화하고 연애는 집착과 질투로 변질되며, 나 자신에 대한 고찰은 자신감 하락으로 이어진다. 물론 반대의 영향도 가질 수 있다. 모든 관계가 변질되고 변화하더라도 그것을 지킬 수 있는 '신념'과 '가치관'을 그룹 모두가 지니고 있다면 이 관계는 오히려 더욱 돈독해지는 관계가 될 것이다. 그것이 힘든 것이 인간이라는 동물이기 때문에 어쩔 수 없이 부정적인 현상이 더욱 많이 비춰질 뿐이다.

타로에서의 곱셈은 위의 개념과 마찬가지로 각각의 주체가 봉합되어짐을 의미하며, 다방면으로 연결되어짐을 말한다. 덧셈이 '악수'라면 곱셈은 '포옹'이다.

곱셈은 발현 에너지와 관련 있다

덧셈법칙은 특정한 흐름의 팩트를 나타낸다면, 곱셈은 그 안에 있는 수식들의 배합에 의한 행동의 에너지를 표현하게 된다. a와 주인이 봉합되었다고 할 때 이 봉합의 의미는 아주 특별한 계기(만난 시간, 만나게 된 상황, 만나기 위한 서로의 목적의 결합)에 의해 '인연'이라고 불리는 에너지로 발현된 것을 의미한다. 이를 수식으로 나타내면 'a×주인=가족'이 된다. 가족으로 발현되기 위한 a의 의지와 주인의 의지가 봉합된 것과 같다.

4) 나눗셈법칙

나눗셈은 '곱셈의 역연산인 산술 연산'으로 정의되어 있다. 나눗셈은 곱셈이 우선되어야 그 존재 의미가 부여된다. 나눗셈은 곱셈이 우선된 상황에서 그 곱셈에서 곱해진 것의 '격리'를 말한다. 산술에서의 나눗셈은 앞의 수를 뒤의 수만큼 분리하는 것을 말한다. 하나의 존재에서 그 존재를 임의의 조건을 부여해 그 조건에 해당하는 만큼 격리하는 것을 말하며, 그 격리된 결과값은 존재하지 않는 것으로 여겨져야 한다. 이 나눗셈은 타로에서 말 그대로 역산할 때 사용한다. 스프레드와 카드 간의 긴밀한 봉제를 격리함으로써 확산키워드를 산출할 때 사용된다.

곱셈과 마찬가지로 나눗셈은 다음과 같이 정의할 수 있다.

① 나는 a, b라는 장단점을 가졌으나 a라는 장점은 알고 b라는 단점에 대해서는 모른다. 이때 순수한 나(과거의 나, 원초아)로 돌아가 a라는 장점을 분리하면 b라는 단점에 대한 답을 얻을 수 있다. (예: $b = -(a/2)$)

② 나의 동료들에 대한 정체가 궁금할 때, 나 자신을 그 그룹에서 격리하고 순수한 눈으로 보았을 때 그 동료들에 대한 정체를 알 수 있다. (예: $x = 1/a$)

③ 나의 연인에 대해 궁금할 때, 나 자신을 관계에서 배제한 뒤, 냉정하게 상대방을 보면 그 연인에 대해 알 수 있다. (예: $b = 1/a$)

위와 같이 주체를 묶여 있는 사회에서 격리하여 넓은 시야로 조명해 역산하는 방법이 나눗셈이다. 이를 내면적으로 볼 때 '나의 원초아는 지금 발현된 초자아에서 내가 기본적으로 지니고 있던 자아를 격리시켰을 때 그 개념이 보인다'와 같다. 상황적으로는 주어의 행위의 의미는 '목적어에서 동사의 개념을 격리한 것'과 같다.

나눗셈은 완전부정형태이다

뺄셈의 확장연산기호인 나눗셈은 격리라는 개념으로 이해한다. 그러나 이 또한 뺄셈법칙과 마찬가지로 단순한 격리로 이해하면 타로 해석에 사용하기가 어려워진다. 나눗셈은 완전격리 상태를 나타내며 이는 타로 해석에서는 완전부정을 나타낸다. 즉, 뺄셈은 가정법 형태였다면 나눗셈은 '없애야 한다'라는 강력한 부정의 형태를 가진다. 나눗셈이 이런 완전 부정 형태를 가진다고 해도 타로 해석에 영향을 주지 않는 이유는 나눗셈을 제외한 나머지 3개의 사칙연산이 진행된 후, 검산하거나 디테일하게 다듬어 나가는 데에만 나눗셈이 사용되기 때문이다.

5) 등호

등호란 '수가 같음'이라는 의미로 정의한다. 앞의 식과 그 식의 결과가 같다는 의미이다. 이 등호는 방향성을 가진다. '~은(는) ~와(과) 같다'라는 문장으로 재해석할 수 있고, 이 '같다'라는 표현이 오기 전까지 어떠한 상황 또는 사건이 있었다는 이야기이다. 결과를 뜻하며, '같다'는 의미와 '최후의', '완성' 등의 일련의 사건의 결과를 뜻한다.

등호는 '그러므로 ~하다', '그렇기 때문에 ~하다'의 의미를 가진다.

등호는 앞선 수식과 그것의 결과값이 동일하다는 의미를 가진다. 이를 문장으로 치환하면 '그러므로~', '~이기 때문에'라는 의미로 사용되기 쉽다.

'1=3-2'라는 수식은 '1은 3에서 2를 빼기 때문에 나온 값이다'와 같은 문장으로 재조합할 수 있다. 등호는 앞선 수식과 결과를 동일시해주거나, 수식의 과정이 가지는 존재 의의를 만들어주는 역할을 한다.

사칙연산을 이용한 3카드 스프레드

사칙연산 기호에 대한 개념을 알아보았다. 이 개념을 이용해 타로 해석에 적용하는 방법에 대해서 알아보도록 하겠다. 타로를 수식화할 때 필요한 것은 타로 카드 이외의 것들이 어떤 위치에서 어떤 역할을 하는지 아는 것이다.

미지수인 a~z 중 a부터 시작하는 미지수는 상수[76]로서 미지수라고 말했지만 앞으로 타로가 접목되면서 우리가 알고 있는 상수로서의 역할을 하게 된다. 진짜 미지수는 x, y, z로 표현되는 스프레드이다.

당연한 이야기지만 과거에 심판이 왔을 때 심판이 무슨 의미인지보다 더 중요하게 알고자 하는 건 '과거에 무슨 일이 있었는가' 일 것이다. 이 의문에 답하기 위해 차선책으로 알고 싶어 하는 것이 '심판'이라는 상수의 의미일 것이다. 따라서 스프레드가 진정한 미지수이다. 그 미지수를 푸는 산술방식을 알아보도록 하겠다.

1) 3카드 스프레드

많은 타로인들이 스프레드에 대해 가볍게 의미를 두는 경우가 많다. 스프레드 연구를 하지 않는 것이 아니라 보통은 빠르게 해석을 하고 싶은 욕심에 스프레드의 포지션만 보고 사용하는 것이다. 이는 나 또한 그랬으며 그런 현실을 직접 보고 겪기도 했다.

해외에서만 스프레드 연구에 대한 논문들과 저서들이 나왔는데 최근에는 국내에서도 스프레드 연구를 하는 연구자가 점차 늘어나고 있는 추세이다. 해석의 3요소 중 하나인 스프레드는 타로를 해석하기 위해서 반드시 필요한 요소로 스프레드에 대한 충분한 고찰이 선행되어야 한다.

2) 3카드는 I.A.O의 공식을 기반으로 함

최근 들어 해외저서에서는 I.A.O에 대해 많이 언급하고 있다. I.A.O는 알레이스터 크로울리가 만든 이집트의 신들 Isis, Apophis, Osiris의 앞글자를 딴 약자로서 테트라그라마톤과 비슷한 공식체계를 가진다. 이는 다양한 3구조를 전부 포함하고 있다.[77]

크로울리는 이 I.A.O를 신처럼 여기며, 이 공식을 매우 사랑한 것으로 보인다. 자신이 각오를 다질 때 I.A.O의 이름 앞에 맹세한다는 식의 언급을 간혹 했다.[78] 이 I.A.O는 텔레마의 주문에서는 마치 하나님과 같이 묘사된다.[79] 의미는 Isis가 Apophis에 의해 파괴되고 Osiris에 의해 구원받는다는 텔레마에서의 삼위일체이다. 이 삼위일체는 테트라그라마톤과는 다소 다른 개념의 삼위일체라고 제시한다.[80]

내가 이해한 바로는 아버지·어머니·자식과 같다. '아버지가 있고 어머니가 존재해야 자식이 생긴다', '아버지와 어머니 사이에서 자식이 생긴다', '아버지의 엄격함과 어머니의 자상함을 교육받고 자식이 성장한다' 이 3개의 개체는 각기 다른 환경과 위치에 있으면서 서로 연결고리로 이어져 있다. 즉, 앞서 말한 정신분석학의 3구조와 수학의 3구조와 같은 형태인 신비주의적 3구조를 나타낸다. 나는 이 I.A.O의 형태를 기본으로 개인적 고찰을 통해 3카드 스프레드에 대해 이해했다.

3) 3카드 스프레드의 구조와 개념

3카드 스프레드는 순수한 배아세포[81] 형태를 가진다. 가로로 분열해도 되고 세로로 분열해도 되며, 가로 이후에 세로로, 세로 이후에 가로로 분열해도 맞아떨어진다. 이는 정확히 3×3구획으로 나뉜 정육면체의 형태를 자유자제로 넘나들 수 있다. 즉, 9개의 패턴을 무수히 조합할 가능성을 제시해주는 스프레드이다. 단, 어마어마한 조합의 개수를 보여주기 때문에 실제 숙련자들은 스프레드에 사용되는 카드의 개수가 많아질수록 수월하게 여긴다. 물론 일리는 있지만 본인의 편의 때문인 경우가 많다. 따라서 카드의 개수가 많아진다고 좋은 스프레드나 읽기 어려운 스프레드가 아니며, 반대로 카드의 장수가 적어진다고 쉬운 스프레드나 간단한 스프레드가 아닌 것이다.

3카드 스프레드의 기본 이미지는 '뿌리 있는 가을 은행나무'이다. 이는 '망원경'을 거꾸로 보는 것과 같은 원리이다. 3×3 패턴을 가질 순 있지만 시차적, 개념적으로 1번째로 선택되는 카드의 의미와 2번째 선택되는 카드의 의미는 다르다.

① 3카드 1번째 카드

3카드의 1번째는 땅 밑에서 또는 구름 위에서 보이지 않는 영역을 표현한다. 이것의 포지션을 과거Past, 원인Cause 등으로 표현한다. 정확히는 '이전의'라는 표현으로 '하나의 중심축에서 가려져 있는, 숨겨져 있는'이라는 의미로 고찰해볼 수 있다. 그뿐만 아니라 중심이 되는 축을 기반으로 중심축이 현상될 수 있게 하는 근원으로 볼 수 있다. 그래서 3카드의 1번째는 나무의 뿌리 또는 구름 위의 대우주를 표현하며, 소우주에서는 부모, 세계에서는 권력자 또는 지배자, 정치를 표현한다.[82]

② 3카드 2번째 카드

3카드의 2번째 카드는 육안으로 확인할 수 있는 땅 위에 현상된 것, 하늘의 무지개와 같다. 3카드의 중간 다리 역할을 하며 줄기와 같다. 이는 현재나 과정으로 표현하는데, 엄밀히 말하면 '이것'이다. 1번째 카드를 베이스로 밟고 서있는 카드가 2번째 카드이다. 이 카드는 인간의 본연의 모습이고 세피로트의 나무로 표현할 수 있으며, 질문에 직시되는 현실적 상황이다. 소우주에서는 본인 자신을 말하고, 세계에서는 핵가족, 회사, 자치단체, 국회의원 등으로 표현할 수 있다.

③ 3카드 3번째 카드

3카드의 3번째 카드는 발현이다. 내가 눈으로 보기 전에 보려고 하는 것, 내 안에 있는 것, 모든 것을 받아들인 후 방출하여 나타난 것을 말한다. 새로운 창조를 의미하며, 모든 사건의 목적지 역할을 한다. 이는 미래, 결과로 표현하는데, 말 그대로 결과물 또는 발현된 에너지, 행위, 동적 에너지라는 표현으로 이해된다. 3번째의 카드는 실제 동작을 가진, 에너지를 가진 근원적인 것들을 나타내며, 결정적인 부품을 나타내기도 한다. 대우주에서는 지구 자체를 말하고, 소우주에서는 의지, 영혼, 결정을 말하며, 세계에서는 내담자 자신을 말한다.

4

3카드 스프레드 사칙연산

3카드는 앞서 설명했듯 각각의 자리에 무수히 많은 조건들이 들어갈 수 있는 구조로 되어 있다. 즉, 과거, 현재, 미래라는 일반적 스프레드의 포지션뿐만 아니라 3구획으로 나뉠 수 있는 모든 조건들이 들어가서 자리할 수 있다는 것이다. 재미있는 건 어떤 스프레드이건 모두 '동사'라는 점이다. 동적 움직임으로 이루어져 있는 스프레드는 주어와 목적어를 만나기 전까지는 완성되지 않는다. 주의할 점은 이 동사들이 가지는 포지션의 과거, 현재, 미래의 형태를 수식이 아닌 문장으로써 시제를 지켜줘야 한다는 것이다. 우선은 동사의 움직임을 살펴보도록 하자.

1) $x+y=z$

만약, x를 과거, y를 현재, z를 미래로 가정했을 때 과거와 현재는 다른 공간에서 움직이는 현상들이지만 이 관계에 포함되어 있는 '나'를 통해 이 둘이 연결이 된다. 즉, 덧셈이 된다. '과거가 시간에 의존하여 나를 통해 현재를 받아들임으로써 미래를 만들어간다'라는 문장을 만들 수 있고 이 문장을 수식화하면 위와 같이 된다.

예전에 사과를 먹었었다+사과를 먹었다
= 앞으로 사과를 또 먹을 것이다

'사과를 먹었었고 지금은 그 사과를 또 먹고 있으며, 이 사과는 또 앞으로 먹을 것이다'라는 단순한 사과 집착을 보여주는 식으로 대부분 일상에서 쓰는 언어적 논리는 이와 같다.

2) x=z-y

덧셈을 통해 과거, 현재, 미래를 미리 본 상황일 때, 과거는 미래의 나에서 현재의 나를 분리한 것이 된다. 이 수식은 최초 덧셈 수식을 읽은 뒤, 주체의 트라우마 또는 미래로 가게 된 원인 및 숨겨진 진의를 파악할 수 있게 한다.

미래는 우리가 현재 경험한 것에서 추가로 보충, 즉 더해나가거나 불필요하다고 경험한 것을 빼나가며 만들어진다. 만약 타로를 통해 미래가 미지수가 아닌 상수가 되었을 때,[83] 보인 미래는 과거와 현재의 완성형 격이 된다. 여기서 과거에 대해 면밀히 알아보기 위해서는 미래로 만들어진 완성형에서 현재에서 경험했던 것을 분리해보면 된다. 역으로 현재를 만들게 된 과거가 보이게 되는 것이다. 즉, 현재 행위에 대한 '무의식'을 알 수 있다.

예전에 사과를 먹었었다+사과를 먹었다
= 앞으로 사과를 또 먹을 것이다

예전에 사과를 먹었었다
= 앞으로 사과를 또 먹을 것이다-사과를 먹었다

즉, '사과를 먹지 않더라도 사과를 또 먹을 것이다'가 되고 이는 사과를 먹었던 과거에 사과가 만족스러운 과일이었다는 무의식이 심어진 결과가 되는 식이다.

덧셈과 뺄셈은 시간에 의존한 동사들의 움직임을 연결하는 데 필요한 수식이다.

5
스프레드와 카드

　덧셈과 뺄셈은 스프레드 간의 연결고리이고, 곱셈은 타로와 스프레드를 엮어서 풀어내는 과정에서의 사칙연산으로 들어간다. 이뿐만 아니라 스프레드에서 특정 포지션을 기준으로 확장 해석을 할 때 사용된다. 곱셈은 동사와 목적어를 '엮어주는' 수식이다. 이는 '위치하다', '겹쳐지다', '묶여있다'의 의미를 가진다.

　'과거인 x에 a라는 카드가 위치하고 현재인 y에 b라는 카드가 위치했을 때 미래인 z에는 c라는 카드가 위치한다'라는 흥미로운 퍼즐이 생성된다. 마찬가지로 'c가 z에 왔을 때 x에 온 a와 y에 온 b의 관계가 연결되었기 때문이다'라는 이야기가 된다. 상수로 취급되는 미지수인 a, b, c는 스프레드인 x, y, z와 곱셈으로 묶이게 된다. 이 곱셈은 억지로 재봉해놓은 듯한 느낌으로 x, y, z에 엮인다. 이 책으로 타로 해석을 공부하려는 사람이라면 이것의 의미를 매우 신중하고 진지하게 곱씹어야 한다.

1) ax=P

a를 하나의 타로 카드라 정의하고 x를 하나의 스프레드 포지션이라 할 때, x의 위치에 a카드가 올 경우 'ax'로 나타낼 수 있다. 3카드뿐만 아니라 여기서는 일반적으로 x를 과거로 둘 것이다. 이 'ax'는 과거 자리에 a라는 카드가 왔다는 뜻으로 '내담자가 과거에 ~을(를) 했습니다'라는 뜻을 담아 'P^{past}'로 정의한다.

2) by=C

ax와 마찬가지로 by 또한 y라는 스프레드 포지션에 a를 제외한 나머지 카드 중 두 번째로 발현된 카드를 b라고 가정할 때, y 자리에 온 b카드를 표현한 것이다. 미지수 y는 x의 다음에 오는 미지수다. 따라서 x가 과거일 때, y는 현재가 된다. 따라서 현재 자리에 온 카드 b는 현재에 '내담자가 취하고 있는 행동'으로서 '$C^{continue}$'로 정의한다.

3) cz=E

cz의 z는 3번째 미지수이다. 미지수 z는 등호 뒤에 오는 모든 과정을 이끌어 만들어낸 결과 또는 미래이다. z의 위치가 가지는 힘은 과거 현재를 통해 끌어 모은 경험과 힘을 꽃피우는 과정을 뜻한다. 미지수 z와 페어가 되는 c카드는 a, b가 아닌 76장의 카드 중 한 장의 카드를 말한다. 이 두 가지가 연결되면서 만들어내는 힘은 모두 모아 확실한 두드러지는 효과를 무조건 만들어낸다. 따라서 cz는 'E^{effect}'로 정의한다.

4) P+C=E(ax+by=cz)

앞서 설명했던 x+y=z에 대한 수식에 각기 다른 카드들이 배합이 되었을 때의 수식이다. 단순한 과거·현재·미래만을 논리로 풀어보았을 때는 어렵지는 않다. 그러나 카드가 배합이 되면서 그 의미가 난잡해지고 복잡해지는 경우가 있다.

모든 해석은 덧셈부터 시작된다. 큰 틀을 먼저 잡아두고 나머지를 풀어나가는 것이 원칙이다. 그러나 이 수식으로 절대 모든 답을 얻을 수는 없다는 것을 명심하자. 지금 하고 있는 건 해석 연습을 위한 공식이자 실전 해석을 위한 초석이다.

우리는 내담자를 모른다. 오로지 카드 3장만을 가지고 내담자에 대한 정보를 취해야 한다. 이럴 때 우리가 유일하게 취할 수 있는 정보는 미지수 3개(3카드 스프레드일 경우)와 카드 3장이다.

'내담자가 x일 때 a했었고, y일 때 b했으므로 z일 때는 c할 것이다'라는 문장이 된다. 이 문장을 수식으로 나타내면 ax+by=cz, 즉 P+C=E가 된다. 앞서 말한 x+y=z와 무엇이 다른지 예를 들어 보겠다.

$$사과(a)를 먹었었다(x)+친구(b)를 만났다(y)$$
$$= 라면(c)을 먹을 것이다(z)$$

사과를 먹었던 것, 과거와 현재 친구를 만난 것, 그리고 그로 인해 라면을 먹게 되는 일련의 시간적 흐름이 다소 어색해 보일 수 있다. 그러나 이는 타로를 직역할 때 많이 보이는 퍼즐이다. 당신도 타로해석을 해봤다면 이런 경험이 많았을 것이다. 그리고 이 것을 자연스럽게 풀게 되면 놀라고 있는 내담자의 모습을 본 경험이 있을 것이다.

타로는 스프레드에 위치했을 때 단순한 원석일 경우가 많다. 이를 가공하고 다듬는 것은 그 카드를 읽는 해석자의 몫이 된다.

지금은 타로의 개인키워드가 아닌 사과와 친구를 만난 것, 그리고 라면에 대한 일반 단어를 조합하는 연습을 통해 해석공식을 설명하는 것뿐이지만 이 책을 읽고 당신이 지금까지 사용했던 타로의 키워드들을 넣어가며 응용해보면 새로운 세계가 보일 것이라고 장담한다.

5) Wave

타로 카드의 해석은 병렬식이다. 따라서 같은 포지션의 의미가 여러 번 재해석될 수 있다. 이때 같은 표기법으로 제시할 경우 의미가 중복되어 혼란을 야기할 수 있다. W_{Wave}는 우리가 알고자 하는 포지션의 의미를 읽을 경우, 그 포지션의 흐름을 잡을 때 포지션 뒤에 붙인다. 예를 들면 P_W와 같은 식이다.

6) $P_W = E-C(ax=cz-by)$

위의 예제를 바탕으로 분석을 시작해보자. 사과를 먹었다는 것이 무슨 의미인지 추리한다.

사과를 먹었다
= 라면을 먹을 것이다-친구를 만났다

위와 같은 수식으로 변환할 수 있다. 위 수식을 문자로 변환하면 다음과 같다.

친구를 지금 만나지 않더라도 라면을 먹을 것이다.
왜냐하면 사과를 먹었기 때문이다

그렇다면 친구를 만나든 안 만나든 사과를 먹었는데도 불구하고 라면을 먹겠다는 것이다. 즉, 친구를 만난 것과 사과를 먹었던 것에 대한 관련성이 떨어지고 이를 내면적으로 읽으면 사과를 먹은 과거의 무의식이 현재의 친구를 만났다는 의식을 뛰어 넘을 수도 있다는 가정을 가진다.

위 수식을 외면적으로 분석하면 친구를 만난 것은 제외시키고 사과를 먹었기 때문에 라면도 먹겠다는 이야기이므로 사과는 라면을 먹게끔 만들어주는 '에피타이저'였을 것으로 생각된다.

이를 종합하면 친구를 만나든 안 만나든 라면을 먹는다는 것은 아직 식전이라는 이야기이고 무의식 중에 먹은 사과만으로 충분히 공복을 채울 수 없었다는 말이 된다. 그러므로 '사과 자체는 간식이다'라는 '에피타이저'의 키워드와 이를 무의식 중에 먹는 행위가 '식사는 아니다'라는 의미가 되므로 결과적으론 '배가 고프다'라는 상태를 표시하는 것이 될 것이다.

7) $C_W = E - P(by = cz - ax)$

그렇다면 친구를 만났다는 것에 어떤 의미가 있는 것일까. '친구를 만났다=라면을 먹을 것이다-사과를 먹었었다'라는 식이 된다.

사과를 먹지 않았어도 라면을 먹을 것이다.
왜냐하면 지금 친구를 만났기 때문이다.

P_W의 결과와 상반된다. 외면적으로 분석하면 사과를 먹지 않았어도 친구를 만났기 때문에 라면을 먹는다는 건 사과를 먹었든 안 먹었든 친구 때문에 라면을 먹는다는 페르소나가 보인다. 이를 내면적으로 살펴보면 사과를 먹은 것을 분리해놓고 친구를 만났기 때문에 라면을 먹는 것이므로 친구와 같이 식사를 한다는 이야기이다. 주체의 입장에서 보면 사과가 식사를 대체할 수 없는 '간식'이지 않았을까도 생각할 수 있다. 이를 종합하여 사과를 제외하고 본다면 '친구를 만났던 것이 이유가 되어 라면을 먹게 된 것'이니 친구와의 소통에서 라면에 대한 언급이 나왔을 것으로 유추할 수 있고, 주체의 페르소나가 '우정'에 가깝다는 가능성을 보았기 때문에 자신의 개인적 욕구보다 사회적 욕구를 우선시하는 주체의 성향을 알 수도 있다.

8) $P_W+C_W=E_W$

위의 두 가지 수식을 통해 알게 된 내용을 총 정리하여 스토리를 만들면 다음과 같다.

주체는 사과라는 과일을 거부감 없이 먹어왔다. 그날도 간식으로 사과를 먹었었다. 물론 식사용이 아니었고, '입이 심심해서' 과일을 섭취한 것뿐이다. 당연히 사과를 먹었지만 배가 부르진 않았다. 마침 친한 친구한테 연락이 왔다. 이 친구와는 잘 지내고 싶다. 친구와 얘기를 하는 중 라면에 대한 이야기가 나왔다. 친구도 밥을 안 먹은 것 같다. 이때 문득 '자신이 사과를 먹었다는 것을 인지'했다. 사과를 먹긴 했지만 사과로 배가 차지는 않고 친구와 관계도 돈독히 하고 싶으니 '사과를 먹었다는 이야기는 하지 않고' 친구와 식사를 해야겠다. 이왕 말 나온 친구와의 대화에서 말 나온 김에 같이 라면을 먹기로 했다.

따라서 라면을 먹는 흐름상의 내면적 이유는 '공복'이고 외면적 이유는 '우정'이다.

9) -(P+C)=-E

모든 과정을 부정으로 가정하면 실제 본인이 리딩한 것에 대한 검산을 진행할 수 있다.

'사과를 먹지 않고 친구를 만나지 않았다면 라면을 먹지 않았을 것이다. 즉, 사과를 먹고 친구를 만났기 때문에 라면을 먹는 것이다. 사과와 친구의 만남이 라면을 불러왔다.'

만약 사과를 먹지도 않았고 친구를 만나지도 않았다면 부모님과 밥을 먹었지 않았을까 생각된다.

이처럼 과거에 있었던 사과의 섭취가 라면을 불러왔다. 그리고 친구에게 연락이 안 왔다면 라면에 대한 소스를 듣지 못했을 것이므로 '사과+친구=라면'이라는 최초 덧셈수식이 증명된다.

예제 풀이

질문속성대비 카드의 해석이 과거에 놀았고, 현재에 벼락치기를 하며, 미래에 합격했을 경우를 가정했을 때, 표지자는 20대 초반 평범한 남성 학생으로 리딩에 최대한 간섭하지 않는 수준으로 맞춰놓은 뒤 사칙연산 해석예제를 진행했다.

질문: 시험에 합격했을까?
과거: 놀았다.
현재: 벼락치기한다.
미래: 합격할 것이다.

10) P+C=E

'놀았고+벼락치기했으며=합격할 것이다'이므로 놀았던 것과 벼락치기가 연결되어 합격하게 되는 이상한 시험 합격 케이스가 된다. 놀았고 벼락치기했으므로 놀면서 공부한 것이 아닌 뉘앙스이다. 즉, 벼락치기라는 현재 상황이 합격을 부른 것같이 보인다. 과연 어떻게 놀았던 것일까?

11) $P_W=E-C$

'놀았다=합격할 것이다-벼락치기했다'이므로 벼락치기를 하지 않아도 합격할 수 있었다는 게 된다. 즉, 놀았던 이유는 '합격할 것을 알고 있었다. 자신 있었다'였던 것이다. 몇 번 이 시험에 대해서 불합격을 해왔거나 이 사람 입장에서 매우 쉬운 시험으로 여겨졌을 가능성이 생긴다.

12) $C_W=E-P$

'벼락치기=합격할 것이다-놀았다'이므로 놀지 않아도 합격할 것이다. 왜냐하면 벼락치기할 것이기 때문이다. 놀지 않았는데도 벼락치기할 것이라는 건 놀지 않고 벼락치기 준비를 했다는 이야기가 된다. 즉, 벼락치기라고 보는 건 제3자 입장일 뿐 내담자 입장에서는 지금까지 준비했던 것을 한 번에 간략하게 정리하는 것을 잘하는 사람이라는 것이 되고, 시험 전 정리가 된다는 것은 기본적인 이해가 빠르거나 공부를 아예 안 하는 성향은 아닌 사람 또는 누군가가 옆에서 도움을 받고 있는 사람일 가능성이 보인다.

13) -(P+C)=-E

놀지도 않고 벼락치기도 안 했다면 시험도 떨어졌을 것이다. 이 말은 가만히 앉아서 공부하는 타입이 아니라는 것이고, 암기력이 탁월한 타입이라는 것을 알 수 있다. 또 하나의 가정인 옆에서 도움을 주고 있을 가능성 또는 컨닝의 가능성이 이 과정에서 매우 두각을 나타낼 수 있다. '놀지 않았다면'이라는 가정은 '제대로 공부를 했다면'이 되고, '벼락치기도 안 했다면'이라는 것도 '제대로 공부를 했다면'이 되므로 제대로 공부하면 합격하지 못한다는 이야기가 되니 정상적인 시험 태도를 가졌다고 보기가 좀 어려워 보일 수 있다. 가능성은 세 개다.

① 남몰래 놀면서 공부를 열심히 했을 가능성: 배제될 가능성이 높다. 사회현상에서의 예제라면 가능성이 있지만 타로에서는 거짓말을 할 수 없으므로 벼락치기는 말 그대로 시험 바로 전에 빠르게 암기한다는 얘기이기 때문이다.

② 수차례 불합격하면서 모아놓은 자료를 미리 정리해놓고 그것만을 시험 전에 암기하는 스타일일 경우

③ 부정행위를 했을 가능성: 이 또한 배제할 가능성이 높다. 왜냐하면 벼락치기 할 이유가 없기 때문이다.

　제일 가능성이 높은 건 2번인 수차례 불합격하면서 자료를 모아놓고 안일하게 그것만 암기하는 형태일 가능성이 높다.

14) $P_W + C_W = E_W$

　총정리하면 이 사람은 평소에는 공부를 잘 안 하는 것처럼 보인다. 시험도 몇 번 떨어졌을 것이다. 그만큼 이번 시험에 대한 정보를 많이 알고 있는 듯 보이며, 그것만을 믿고 행동하는 사람처럼 보일 것이다. 이번에도 마찬가지로 기존에 준비했던 내용을 토대로 벼락치기를 한다. 준비했던 내용이 나올 것은 나오고 안 나올 것은 안 나올 것이다. 마음 편하게 시험장에 간다. '어차피 시험에 떨어져도 나는 다음이 있으니까'라는 생각이다. 시험 문제는 적절했다. 내가 지금까지 틀리고 좌절했던 문제에 대한 내용들이 얼추 나왔다. 성공적으로 시험을 치렀고 다음날 합격통지를 받았다.

PART 4

헥사그램 스프레드

헥사그램 스프레드라는 이름보다 Magic Seven Spread로 많이 알려져 있다. 매직세븐 스프레드는 Doane과 David가 각자 독창적으로 만들었다고 알려져 있다. 이 사람들에 대한 자료는 쉽게 찾을 수가 없었다. 만든 작가의 개념과 스프레드의 원리 등을 설명해놓은 저서나 해당 스프레드를 분석해놓은 논문도 찾을 수 없었다. 그래서 개인적으로 스프레드를 Hexa-gram Spread로 리메이크하여 해석 공식을 작성했다.

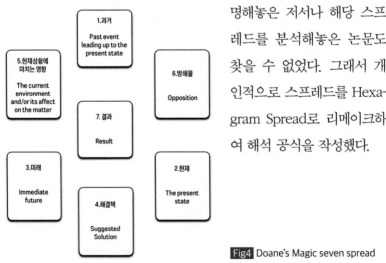

Fig4 Doane's Magic seven spread

1

Adonai paean's Hexagram spread

스프레드의 제작은 실전적 마법의식(연금술, 점성술, 헤르메틱 카발라 Hermetic Qabalah)을 치르기 위한 준비와 같다. 스프레드 제작에 일반적으로 필요한 것은 해당 스프레드의 보편적 목적이 어디에 있는가를 생각하는 것이다. 그러나 그 이전에 스프레드가 가지는 깊은 에너지를 알아야 한다.

스프레드는 마법진이다. 각 위치에 그저 우리가 단순히 알고 있는 '과거', '현재', '미래'가 있는 것이 아니다. 그 안에 있는 에너지의 최종 표현형태가 '과거', '현재', '미래'인 것이다. 이 에너지는 선구자들마다 제각기 표현방식이 다르다. 공통된 개념이 하나 있는데 그것이 카발라이다.

세피로트의 나무는 타로에서 절대 **빼놓을 수 없는** 아버지와 같다. 단순히 말해서 생각나는 대로 만든 스프레드와 카발라의 개념만을 사용해서 만드는 스프레드는 풍기는 포스가 다르다. 그리고 직접 사용해보면 읽는 것도 쉽다는 것을 알 수 있다.

잘 만들어진 스프레드의 특성은 홀수로 끊어진다는 것이고, 소우주가 하나로 되어있으며,[84] 배열에 사용되는 카드의 소모는 15% 미만이라는 점이다.[85]

헥사그램에 대한 개념은 LRH(육망성 결계의식)의 이론을 사용했다. 헥사그램 스프레드의 목적성은 티페렛으로 가기 위한 방법론에 근거한다. 일반적으로 통용되는 문장으로 다시 말하면 '만들어진 특정 상황에 대해 자신이 불안감을 느꼈을 때, 그 불안감에 대한 고찰과 그 특정 상황에 대한 핵심정보를 취하며 그것을 대하고 있는 주체는 어떤 방향으로 가야할 것인지 제시받는 목적을 가진다'이다.

Doane과 David가 어떤 목적으로 '매직 세븐 스프레드'를 만들었는지는 내가 부족하기에 알지 못했다. 그렇지만 목적을 알지 못하면서 사용할 정도로 멍청하지 않으며, 목적을 모르겠다면 만들어서라도 사용하겠다는 바보스러운 열정이 있었기에 이 스프레드를 제작하고 공식을 세울 수 있었다.

LRH(Lesser ritual of the Hexagram)

헥사그램Hexagram에 대한 부분은 M.A. Mark Stavish의 논문 'Notes on the Lesser Ritual of the Hexagram'에 읽기 쉽게 정리되어 있다. 이 논문에 따르면 LRHLesser ritual of the Hexagram; 육망성 결계의식은 골든던에서 사용하는 의식 체계이며, 카발라 경로 흐름 Qabalah path working이 티페렛Tiphareth까지 이어지는 9개의 길로 제한되어 있다고 한다. 이 티페렛으로 가기 위한 경로 흐름은 헥사그램을 통해서는 3개의 경로로 제한할 수 있고, 이는 마법의 삼각형에서 도덕의 삼각형으로 한 단계 올라가기 위한 의식이며 공부라고 말한다.

골든던의 학생들은 말쿠트Malchut에서 예소드Yesod로 가는 수업부터 진행하는데 예소드에 올라간 학생들의 입장에서는 이 의식을 쉽게 접근할 수 있다는 뜻으로 읽힌다. 이 의식은 '성스러운 수호천사'와의 접촉을 준비하기 위한 의식으로 고안되었다고 한다. 이 LRH의 기본 이미지는 태양이고, 7번째 위치는 태양의 중심이며, 티페렛을 의미한다.

LHR의 삼각형은 헥사그램을 중심으로 주변에 동그라미가 있다고 할 때, 동쪽은 불, 서쪽은 공기, 북쪽은 물, 남쪽은 땅의 위치로 원소가 배치된다.

① 불

영혼을 정결하게 한다. 그것은 모든 것의 시작이고, 목적을 가지게 해준다. 시작을 유지할 수 있는 힘을 준다. 태양에너지를 나타낸다. 능동적인 에너지를 말한다.

② 공기

정신적인 부분의 제어를 도와준다. 이는 태양에너지에 의한 영감을 나타낸다.

③ 물

태양 빛의 감정을 나타낸다. 수동적이고 에너지를 수용하는 것을 말한다. 창조물에 대한 사랑을 나타낸다.

④ 땅

신체의 물질적 구조를 강화시킨다. 직접 현자의 돌을 이동하고 만질 수 있는 구체적인 에너지를 나타낸다. 완벽한 소재 생성을 말한다.

2

Adonai paean's Hexagram spread의 이해

헥사그램 스프레드를 제작하면서 중요하다고 생각했던 부분은 헥사그램을 만드는 삼각형과 역삼각형이었다. 이 두 가지 삼각형은 서로 반대되는 성질을 가지면서 잘 맞물리는 태엽과 같았다. 각 위치에는 위에서 설명한 사칙연산의 기본구조와 I.A.O 그리고 정신의 3구조를 넣어 이 해를 쉽게 하였다. 스프레드 제작의 원리를 설명하기 위한 스프레드의 요소를 정리해 두겠지만 이 책의 목적인 기초 해석에서는 모든 요소를 다루지 않고 앞선 3카드 스프레드와 마찬가지로 3구조와 3구조의 역산에 대한 기초공식

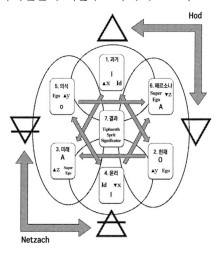

Fig5 Adonai_paean's Hexagram spread

을 다루도록 하겠다.

Adonai paean's Hexagram spread의 요소

① I.A.O: 해당 위치에 따라 그 포지션 안의 에너지를 관장하는 역할을 한다. 시점을 나타내며, 의식의 방향을 제시한다.

② x, y, z: 미지수는 표지자의 기계적이고 엄격한 성질을 나타낸다. 그 상하 위치에 따라 I.A.O의 영향을 받고 좌우 위치에 따라 속성의 변화가 생긴다.

③ Id, Ego, Super-Ego: 정신의 3구조는 표지자의 정신과 감정적인 부분을 나타낸다. 그 상하 위치에 따라 I.A.O의 영향을 받고 좌우 위치에 따라 속성의 변화가 생긴다.

④ 과거와 윤리의식, 현재와 자아의식, 미래와 페르소나는 서로 역산 관계를 가진다.

⑤ 과거와 현재는 미래를 만들며, 내면의 윤리의식과 자아의식은 외부에 보일 페르소나에 영향을 준다.

⑥ 표지자의 에너지와 실제 문제의 시발점은 페르소나에서 나타나며, 이러한 무분별한 행동력의 제한은 현재의 상황에 의해 조절하게 되는 인내와 감수성을 나타내는 물의 영혼, 결과를 나타낸다.

⑦ 표지자의 과거를 중심으로 자아의식과 페르소나의 조절을 통해 영혼의 근본적인 의지 위치를 알 수 있는 불의 영혼, 결과를 나타낸다.

⑧ 표지자의 행동은 자아의식에서 시작되며, 미래를 만들어가고 그 과정에서 목적점은 자신의 자아를 통해 완성해 나아가는 땅의 영혼, 결과를 나타낸다.

⑨ 표지자의 이성은 주체의 윤리를 중심으로 현재의 행위와 미래의 방향성을 통해 선택과 절제를 조율해 가는 것으로 이는 물의 영혼, 결과를 나타낸다.

⑩ 불과 물은 '호드Hod'이며, 땅과 공기는 '네짜흐Netzach'이다. 예소드는 결과에 대한 문제점을 제시하며, 이 결과는 케테르Kather의 순수한 에너지를 가지기 위한 다트Daath로의 시작점이다.

---

1) 타로 카드에서의 헥사그램 스프레드

헥사그램 스프레드는 3구조 두 개를 가지고 있다. '과거-현재-미래'의 외면적 구조와 '윤리-무의식-페르소나'의 내면적 구조가 그것이다. 외면적 구조의 역산은 내면적 구조의 형태를 가진다. 이 두 가지 3구조는 2개의 삼각형 형태를 가지며, 3카드 스프레드의 다각적 리딩의 난이도를 해소해주는 구조를 가진다.

단순 구조로 보이는 3카드 스프레드는 실제 해석에서 논리상으론 단순한 사실만을 열거할 수 있다. 이를 보안하기 위한 역산방식을 차용해서 서술한 바 있다. 고급해석으로 들어가게 되면 3가지의 세계관을 한 번에 읽어야 할 만큼 난이도가 높은 스프레드가 3카드 스프레드이다. 이를 보안하기 위해 세계관의 시점을 하나로 집중할 수 있게 만든 구조가 헥사그램 스프레드이다.

2) 음수

헥사그램 스프레드에서 처음으로 음수의 개념이 나온다. 단순한 뺄셈이 아닌 '0' 이하의 것, 즉, 내면의 것을 나타내는 상징이 나타난다. 내면 이외에도 반대의 성질도 가진다. 어렵게 보일 수 있지만 3카드 스프레드에서의 뺄셈을 통한 스프레드 키워드를 하나의 포지션으로 지정해놓은 것뿐이라는 것을 보다 보면 알게 된다.

음수 사용의 주의점은 덧셈법칙과 뺄셈법칙의 상호관계처럼 우선 해당 양수의 포지션을 기본으로 하고 그것에 대한 반대성질로 표현해야 한다는 것이다. 음수는 해당 미지수의 역산으로 인한 발현이며, 외면 이전의 내면의 것을 나타낸다.

예를 들어 과거가 a라는 카드를 취했을 때, '과거에는 a했다'가 된다. 이를 좀 더 과거형에 맞게 풀어보면 '과거에 a하기 이전에는 과거를 있게 한 원초아가 존재한다'가 된다. 이를 수식화하면 $ax/-ax=-1$이 된다. 숫자 1은 표지자, 즉 나 자신 또는 질문의 주체를 말하고 과거와 과거를 있게 한 원초아는 나 자신이 알 수 없는 형태, 즉 무의식이 된다.

현재가 b라는 카드를 취했을 때, '현재에는 b했다'가 된다. 현재는 현재 형태이므로 진행형 상태로 좀 더 풀어보면 '현재에는 b했는데 b의 행위는 현재에 내가 취할 수 있는 방어기작인 페르소나를 통한 발현형태이다'가 된다. 이도 마찬가지로 $by/-by=-1$의 형태를 가지며, 현재의 행동과 그 행동에 대한 반대기작은 내 자신은 볼 수 없는 행동, 즉 타인에게 보이는 행동인 페르소나가 된다.

미래가 c라는 카드를 취했을 때, '미래에는 c할 것이다'이므로 미래형으로 풀어보면 '미래에는 c할 것인데 c하기 위한 자신의 결정과 방향이 내면에서 작용할 것이고 이는 현상에 따른 흐름의 결과인 미래의 제한요소인 교육에 의한 윤리적 행동이다'가 된다. 따라서, $cz/-cz=-1$ 역시나 '나 자신의 의도가 아닌 방향성', 바로 윤리도덕심이다.

음수의 표기

음수를 표기하여 수식에 넣게 되면 수식이 복잡해지고 일반적 수학공식 때문에 혼란을 야기할 수 있다. 수식을 사용하는 이유는 수학을 응용해 타로를 해석하기 위함이지 타로의 스프레드와 해석방식을 수학으로 풀려는 것이 아니다. 따라서 혼란을 줄 수 있는 문제는 사전에 제거하기 위해 음수라는 개념을 먼저 익혀둔 뒤, 아래의 표기법으로 공식을 사용하는 것이 수월하다.

표기법

▲P: 과거

▲C: 현재

▲E: 미래

▼P: 과거의 경험에 의한 무의식

▼C: 현재의 행동에 대한 페르소나

▼E: 미래로 가는 방향성인 윤리, 교육

정삼각형은 헥사그램 스프레드의 정삼각형 포지션을 의미하고 역삼각형은 헥사그램 스프레드의 역삼각형 포지션을 의미한다.

아래 식을 예로 들어 설명해보겠다.

$$▼P+▼C=▼E$$

- 정의: 경험에 의한 윤리의식은 나 자신을 돌아보게 하고, 그로 인해 만들어진 시스템은 나의 페르소나가 된다.
- 원리: 과거·현재·미래에 대한 수식은 앞서 3카드 스프레드 기초 해석을 통해 익혔을 것이다. 헥사그램에서는 ▲P+▲C=▲E이며, 이는 3카드 스프레드의 해석과 동일하다. 이 수식의 역산이 이 헥사그램에는 3카드와 다르게 포지션으로 이미 지정되어 있다. 따라서 이에 대한 역산은 ▼P+▼C=▼E이다. 문장으로 하면 다음과 같다.

'과거의 행동에 의해 경험되어 생긴 나의 윤리의식은 현재의 나 자신이 어떻게 행동하고 있는지 그것에 대한 성찰을 할 수 있게 하고 이는 앞으로의 내가 보이게 될 페르소나가 될 것이다.'

당연한 이야기지만 ▲P+▲C=▲E부터 해석을 한 뒤, 역산인 내면 스프레드를 읽는 것이 훨씬 수월할 것이다.

양수인 정삼각형 스프레드에서의 과거·현재·미래는 같은 맥락에 있는 음수인 역삼각형 스프레드의 이유이자 원인이다. 이를 헥사그램 스폿Haxagram spot이라고 명명하고 다음과 같은 원리로 사용한다.

3) 헥사그램 스폿Haxagram spot

▲P, ▼P

- 정의: 과거의 경험에 의한 윤리의식 발현.
- 원리: 과거의 자리와 윤리 의식 자리는 반대의 성질을 가지지만 같은 방향성을 가진다. 우리가 현재 인지하고 있는 행동의 제약은 우리가 과거에 경험했던 '작은 실수'부터 '평생 잊지 못할 큰 잘못'까지 모든 부정적 경험에 의해 생기게 된다. 인간의 의식은 진화하게 되어 있고, 이런 경험들은 개개인의 의식 속에서 경험을 통한 교육을 거치며 자신만의 '윤리관'을 만들게 된다.

▲C, ▼C

- 정의: 현재 상황에 따른 자신의 자아의식.
- 원리: 지금 우리가 순간순간 경험하고 있는 지나가고 있는 시간 속에서 우리는 과거와 현재를 아주 빠르게 흘러가고 있고 경험하고 있다. 그뿐만 아니라 미래 또한 현재였던 과거를 통해 빠르게 고찰할 수 있다. 과거는 하루 전이 될 수도 있고, 1년 전이될 수도 있고 10년 전이 될 수도 있다. 1초 전, 0.1초 전, 0.001초 전도 과거가 될 수 있다. 미래 또한 내일이 될 수도 있고, 1년 후가 될 수도 있고, 10년 후가 될 수도 있으며 1초 후, 0.1초 후, 0.001초 후가 될 수도 있다. 우리가 인지하지 못하는 순간 과거·현재·미래를 동시에 경험하고 있다. 그냥 가만히 꽃을 보고 있

는 동안에도 우리는 인식을 못할 뿐 과거·현재·미래를 매 순간마다 의식하고 있다. 이는 '진동'이다. 내가 지금 겪고 있는 현재는 반드시 나 자신이 의도하든 안 하든 의식하게 된다. 이는 자아를 순간마다 의식하고 무의식으로 넘기는 것과 같다. 이 스폿spot이 말하고자 하는 것은 현재의 행위가 의식의 위치에 있는 카드가 매우 깊게 관련되고 있다는 것을 나타낸다.

▲E▼E
- 정의: 미래에는 페르소나를 발현하게 된다.
- 원리: 과거의 '윤리의식'이 현재의 '진동'에 의해 자신을 성찰하게 된다. 이렇게 성찰하게 된 나는 앞으로의 방향을 결정하게 된다. 그 결정과 발걸음은 상당한 두려움을 동반하게 된다. 이 두려움은 인간으로써 반드시 타파해야 할 조건이 된다. 이 조건은 생각보다 매우 중요한 문제로 인간에게 간섭한다. 명예, 욕구, 돈 등을 취하는 것보다 더 중요한 문제가 된다. 인간은 이것을 배제하기 위한 방어기작을 만든다. 앞으로의 방향에 대한 방어기제로서의 원리를 가진다.

▼Pw=▼E-▼C
- 정의: 과거의 경험에 의해 생긴 윤리의식이 생긴 이유는 앞으로 만들어질 페르소나에서 자신의 의식을 분리한 것과 같다.
- 원리: 배열의 흐름에서 윤리의식이 생기게 이유는 만들어졌다고

보는 페르소나에서 자신의 자아를 분리하는 것과 같다. 역삼각형은 정삼각형 배치에 해당하는 포지션의 결과들이다. 윤리의식의 포지션 안에는 과거의 경험이 포함된다. 단, 이 공식에서는 교집합으로써 과거가 포함될 뿐 합집합이 아니다. 윤리의식 자체가 메인이 된다. 윤리의식으로 나타난 카드의 키워드는 앞으로 나타나게 될 페르소나의 근원이기도 하다. 어떤 윤리의식이 생기지 않았다면 과연 해당배열에 나타난 페르소나가 나타났을까? 모든 해석은 시간에 의존한다. 윤리의식이 나타났다면 그것은 헥사그램 스프레드에서는 반드시 '의식'을 통해 '페르소나'로 연결된다.

이 윤리의식이 정말 해당 페르소나를 만들었는지 검산하기 위해서 과거의 윤리의식에 의한 현재에 대해 스스로 파악하지 못했다고 가정한다면 이 페르소나는 만들어질 수 없다는 가상의 현실이 만들어진다. 그렇게 된다면 현재의 자신을 의식하지 않아도 반드시 무의식 중에 발현될 페르소나는 무의식적 '윤리의식'이 된다. 따라서 윤리의식 자체의 근본, 배열의 흐름상의 윤리관을 알 수 있게 된다.

$$\blacktriangledown C_w = \blacktriangledown E - \blacktriangledown P$$

- 정의: 현재 나 자신에 대한 성찰을 하게 된 이유는 만들어진 페르소나에서 경험에 의해 생긴 윤리의식을 분리한 것과 같다.

- 원리: 자아에 대한 의식은 앞으로 보여질 페르소나에 영향을 깊게 줄 것이다. 과거의 윤리의식에 의해 자아를 의식하게 될 것이다. 그것이 페르소나를 만드는 것이 기본원리일 때, 과거의 경험에 의해 자리 잡은 윤리의식이 최종적으로 만들어질 방어기제인 페르소나에 만약 영향을 주지 않았다고 가정할 때, 현재의 흐름이 경험이 되고 페르소나 자체가 윤리의식의 반대로 작용하게 된다. 말하자면 갑작스러운, 당황스러운, 말이 안 되는 최초의 경험은 지금까지의 윤리의식을 배제하고 나타나는 페르소나이다. 즉흥적 대처, 센스이며, 이를 통해 주체의 적응력을 알 수 있고, 전체적인 상황에서는 주체의 숨겨진 진지한 포인트를 알 수 있다.

$$\blacktriangledown P_W + \blacktriangledown C_W = \blacktriangledown E_W$$

- 정의: 경험에 의해 생긴 윤리의식의 흐름은 자신을 성찰하는 의식의 흐름을 결정하고 이렇게 결정된 방향성은 앞으로의 행동에 대한 자신만의 페르소나로서 발현된다.
- 원리: 주체의 내면 깊은 곳에 있는 윤리의식은 이 주체가 가지는 빠른 적응력에 반응하여 이 주체의 후천적 성향으로 변하게 된다. 주체가 경험하여 얻은 것이 아닌 선천적인 가치관, 무의식적 윤리관은 몸 안에 자연스럽게 내재되어 있고 그것은 주체의 안에서 외부로 에너지를 반드시 방출하게 되어 있다. 그것은 보통 주체가 무의식 중에 발현시키는 에너지이고 의식하고 발현시키

는 에너지일 경우 큰 상황변화를 줄 수 있다.

개개인의 고유 에너지가 만약 특별한 경험에 마주쳤을 때, 이 고유의 에너지는 새로운 상황에 대처하기 위해 활발하게 엔진을 돌리게 된다. 이 부분은 타로 리더로서 매우 눈여겨봐야 한다. 왜냐하면 이 포인트가 내담자의 약점이기 때문이다. 또 다른 책에선 '떠보기'라는 스킬로 표현하는 아킬레스건이다.

이런 엔진에 의해 발생하는 모든 행위는 그 행위를 하는 주체 자체이다. 페르소나란 배열의 흐름상 주체의 순수한 본연의 모습을 나타낸다.

3
헥사그램 스프레드의 삼각형 공식

헥사그램 스프레드에는 추가 옵션이 되는 삼각형 공식이 있다. 지금까지 해석하지 않았던 포지션 결과에 대한 부분이다. 이 결과는 질문의 최종지점이기도 하며 주체의 중심을 나타내는 포지션이기도 하다.

이 삼각형 공식의 사용은 어렵지 않다. 그러나 일반적으로 이 옵션이 사용되기 전에 모든 해석이 종결된다. 좀 더 디테일한 해석이 가능하긴 하지만 앞선 정삼각형, 역삼각형 공식을 통해 대부분의 것을 알 수 있기 때문이다. 만약 한 스프레드에서 질문과 다른 속성의 질문을 추가로 할 경우 옵션으로만 확인 차 사용할 수는 있다.

삼각형 공식은 말하자면 스프레드의 구역 분할이다. 그림을 보면 스프레드의 4원소로 나뉘어 있고 그 구역에 따른 스프레드의 포지션이 달라진다. 이는 모두 7번 자리인 표지자와 교집합된다. 이 표지자의 속성을 분할해서 나타낸 공식이 삼각형 공식이다.

▲P(▼C+▼E)=7번 포지션(표지자에 대한 불의 영혼)
- 구조: 과거를 기준으로 의식과 페르소나의 흐름을 읽는다.
- 원리: 질문에 따른 과거의 상황을 기준으로 현재의 자아를 파악하면 내담자의 내면의 무의식적 흐름, 즉 불의 에너지 방출을 확인할 수 있다. 마찬가지로 과거의 상황과 앞으로 생기게 될 페르소나를 파악하면 내담자의 방어기제를 알 수 있으며, 무의식적 열등감도 알 수 있다. 이를 통해 질문의 결론인 표지자의 불의 구조를 파악할 수 있다.

의식과 페르소나의 연결이 의미하는 것은 주체가 어떤 사건에 대해 의식하고 있고 그것을 통해 페르소나를 만들 때 자신이 가진 의식적 행위가 윤리적이든 아니든, 경험이 있었든 없었든 자연스럽게 행동하는 무의식에 가까운 의식이 된다는 것이다.

배열에서의 과거는 질문이 가지는 시제를 중심으로 과거에 해당한다. 이 과거는 지나왔던 사건을 조명하고 있으며, 이 사건은 시간의존법칙에 의해 현재 주체의 의식에 당연하게 영향을 미치게 된다. 이를 기준으로 앞서 설명한 의식과 페르소나를 연결한 개념을 풀어보면 과거의 경험에 의한 교육이 없어도 선천적으로 가지고 있는 무의식적 성향을 알 수 있고 이는 주체가 고칠 수 없고 알 수 없는 깊고 깊은 약점으로 발현되어 카드로 나오게 된다. 이는 불의 삼각형의 개념과 일통한다.

▼P(▲C+▲E)=7번 포지션(표지자에 대한 공기의 영혼)
- 구조: 윤리의식을 기준으로 현재와 미래의 선택과 절제의 흐름
  을 읽는다.
- 원리: 질문에 따른 윤리의식을 기준으로 현재와 미래의 상황은
  표지자의 이성적 욕구를 반영한다.

현재와 미래를 읽는다는 것은 과거를 제외하고 현재의 상황과
미래의 선택을 파악한다는 것이다. 공기의 삼각형은 현재에서 필
요한 부분을 수급하고 앞으로의 미래를 어떻게 개척할 것인지를
알게 해주는 배열이다. 즉, 주체의 이성이 특정한 선택을 강요당할
때 무의식적으로 먼저 선택하게 행동되는 부분을 알 수 있다.

윤리의식을 기준으로 앞서 말한 현재와 미래의 상황을 읽으면
표지자의 열정과 이성적 욕구, 야망, 개척심 등에 제약을 줄 수 있
는 부분을 추가하게 된다. 이로써 주체의 주저함이나 질문에 대
해 리더에게 숨기고 있는 부분, 주체를 방해하는 것, 그 방해물을
어떻게 이겨나가고 어떤 방식으로 대처하고 있는지를 파악할 수
있다.

▲C▼E=7번 포지션(표지자에 대한 물의 영혼)
- 구조: 현재에 의한 페르소나는 물의 삼각형을 이룬다.
- 원리: 현재의 상황과 앞으로 생길 페르소나를 통해서 질문에 대
  한 주체가 현재의 문제점에 대해 어떤 감정을 가지고 있는지, 무

엇에 의지하고 있는지를 알 수 있다.

페르소나는 자아가 형성된 후, 그 자아를 통해 완성된 형태의
자신을 꿈꾸며 이를 향한 욕심의 발현과 같다. 우리는 배열을 통
해서 현재의 상황을 경험할 수 있고 앞으로 있을 페르소나에 대
해 가늠할 수 있으며, 이들을 통해 자신에게 필요한 것을 간접적
으로 확인할 수 있다. 즉, 직접적으로는 자신이 무엇에 의지하고
있는지를 알 수 있게 된다. 이 구조는 자신이 가지고자 하는 욕구
와 그 욕구에 대한 불안감에서 오는 불편함이 공존하며 물의 삼
각형과 일통한다.

▲E▼C=7번 포지션(표지자에 대한 땅의 영혼)
- 구조: 미래의 상황에 따른 현재의 자아의식은 땅의 삼각형을 이
  룬다.
- 원리: 질문에 따른 앞으로의 상황들에 의해 지금의 자아는 목적
  에 의거한 결정을 진행하게 된다. 이때부터 완성되어가는 문제
  의 실제 상황들이 결정되어 가는 것이 보이게 된다. 그리고 그
  것에 대한 수용적 자세와 굴복할 수 없는 단단한 땅의 결정을
  볼 수 있게 된다.

자아의 입장에서 미래는 일어나지 않은 일이다. 이 배열을 통해
서 미래에 일어날 일을 알게 되고 일어나지 않았을 때의 자아를

통해 미래에 일어날 일에 대한 주체의 대처 자세와 기본적인 정신
적, 생물적 건강상태를 체크해 볼 수 있게 된다. 이는 땅의 삼각형
의 개념과 일통한다.

PART 5

켈틱 크로스 스프레드

①

웨이트 켈틱 크로스 스프레드
Waite Celtic Cross-Spread

웨이트 켈틱 크로스 스프레드는 매우 유명하다. 타로를 한 번이라도 쥐어본 사람이라면 반드시 이름을 들어봤을 스프레드이다. 다만 이 스프레드가 어떤 이유인지 모르겠지만 드로우Draw 형식으로 변형되었는데 그 이유에 대한 참고문헌을 찾지 못했다.

본래는 켈틱 크로스라는 이름의 스프레드인데 너무 많은 사람들이 드로우 스프레드를 켈틱 크로스로 잘못 알고 있기에 웨이트 켈틱 크로스 스프레드라고 다시 명명했다. 이 웨이트 켈틱 크로스 스프레드는 장미십자회의 상징을 모델로 만든 스프레드이다. 이렇게 생각하게 된 이유는 장미십자회에서는 자신들의 이론의 뿌리인 카발리즘의 영혼 4요소와 연금술을 연구했으며,[86] 이 집단에서 웨이트는 연구를 했고, 장미십자회의 서술과 웨이트가 서술한 켈틱 크로스 배열의 포지션 설명이 흡사하기 때문에 켈틱 크로스 스프레드는 장미십자회에 뿌리를 두고 있다고 생각하게 되었다.

웨이트의 스프레드에 대한 설명은 카발리즘의 영혼 4요소와 흡사한 부분이 많다. 우선 카발리스트들의 영혼의 4요소에서부터 알아보자.

카발리스트들은 4요소를 Neschamah, Chiah, Ruach, Nephesh로 나누었고, 이들 4요소는 인간의 외부적 영혼인 Yechidah와 내부적 영혼인 Nachash 사이에서 상호작용을 하는 것이라 구분이었다.

Neschamah는 왕관을 뜻하며, 십자가에 못박혀있는 인간의 외부적 영향력이라 말한다. 이는 케테르에 가기 전에 인간이 가지는 발출에너지, 만들어진 에너지로 표현되며, 비나에 속하고 물 속성을 가진다.[87]

Chiah는 케테르의 전차로 표현하는데 이는 진짜 삶의 원리, 진정한 자아로 표현한다. 이는 Neschamah가 만들어지기 전의 Neschamah로 만들려는 의지를 나타내며, Neschamah는 Chiah를 선망한다고 제시한다. 그리고 이는 호크마에 해당하고 불 속성을 가지며 내면에 해당하게 된다.[88]

Ruach는 '우주를 헤치며 나아갔는데 다시 어둠 속으로 굴러 들어간다'라는 재미있는 표현으로 제시되어 있다. 이 문맥만으로 Ruach는 미래를 향한 육체를 가진 인간만이 가지는 열망이라고 생각할 수 있으며, 켈틱 크로스 포지션에서 '어둠 속으로 굴러 들어가기 전에'라는 의미로 미래에 제시될 것이라고 생각되었다. Ruach는 예치라에 속하며, 공기 속성을 가진다.[89]

Nephesh는 '가장 낮다'고 표현되어 있어서 혼동을 가져왔다. 사실 가장 아래에 위치하는 것이 아니라 '가장 이전에 존재했다'라는 의미로 '~의 뒤에'라는 표현에 적합하다. 말쿠트에 위치하고 땅의 속성을 가졌으며, 과거에 해당한다.[90]

Nachash는 위의 3가지 요소의 기초부분으로 본능적인 영혼을 나타낸다고 제시한다. 따라서 Nachash는 켈틱 크로스에서 영혼인 7~9번 자리를 말하는 것으로 생각된다.[91] 이 켈틱 크로스에 대한 웨이트의 포지션 설명도 비슷한 방식으로 카발리즘의 영혼의 4요소를 빗대어 제시되어 있고, 이 부분은 장미십자회의 상징 장미십자가Ross cross의 상징 체계와 동일하다고 생각되었다.[92]

이와 같이 스프레드가 목적으로 하는 방향성이 3카드 스프레드와 헥사그램 스프레드와 다르기 때문에 이들의 상식 안에서 특별한 변수를 만들어내는 특징이 생긴다. 이는 헥사그램 스프레드와 개념을 달리하기 때문에 생기는 현상이다. 헥사그램 스프레드는 '나'를 중심으로 발현되는 상황에 대한 조명이다.

켈틱 크로스에서 헥사그램의 위치는 7, 8, 9번 자리이다. 그리고 헥사그램에서의 7번 결과 및 표지자는 켈틱 크로스에서는 1번 자리에 위치한다. 즉, 헥사그램 스프레드는 티페렛으로 올라가기 위한 방법론이고 켈틱 크로스는 티페렛을 중심으로 케테르까지의 길을 제안하는 방법론이다. 헥사그램과 혼동될 수 있는 공식이 많이 있을 것이다. 이 개념의 차이를 알고 봐야 조금이나마 혼동되지 않을 것으로 생각된다. 이 책에서는 내가 지금까지 해석에 사용했던 공식체계 중 제일 대중적으로 사용할 수 있고, 가장 간단하게 사칙연산으로 계산할 수 있는 공식을 제안한다.

2

켈틱 크로스 스프레드 배열
기본 포지션

켈틱 크로스 스프레드는 1910년 웨이트가 작성한 『픽토리얼 키』에서 제안되었다. 켈틱 크로스의 모델을 알게 되면 스프레드의 포지션 번역이 미묘하게 또는 심각하게 잘못되어 있는 것을 알 수 있다. 그러나 지금 내가 대중적으로 알려진 이 스프레드를 지금 시점에서 리메이크하는 것은 너무 위험한 일이 될지도 모른다. 켈틱 크로스 스프레드는 반드시 개편이 되어야 할 스프레드이다. 타로를 하고 있는 수백만 명의 한국인이 이것을 받아들이는 것은 어려울 것이라고 생각한다.

지금은 내가 7년 전부터 켈틱 크로스의 진실을 알기 전까지 대중적으로 사용했던 공식을 열거하려 한다. 그러나 이 공식은 반드시 개편될 것이고 스프레드도 반드시 다시 조정되어야 한다고 생각한다. 이 스프레드를 어떻게 다시 만들어 낼지 많은 연구가 필요할 것이다. 시간이 얼마나 걸릴지 모른다. 더군다나 나의 생각이 틀릴 가능성도 배제할 수 없으니 단정 지을 수는 없지만 위화감은 확실히 있다. 이 점을 염두에 두고 이 책을 읽고 있는 당신도 가능하면 같이 한국 타로의 미래를 위해 같이 연구를 해주었으면 하는 바람이 있다.

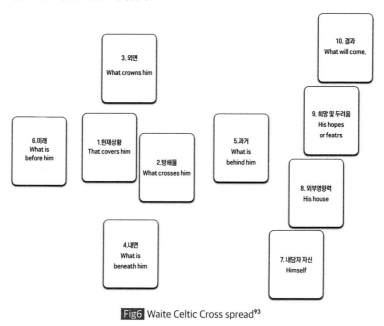

Fig6 Waite Celtic Cross spread[93]

웨이트가 말한 켈틱 크로스 스프레드에 대한 설명은 다음과 같다.

- 첫 번째 카드: 내담자를 대표하거나 문제, 사건을 대표하는 카드를 선택한다. 그리고 그 카드는 일반적으로 대상자 또는 질문에 영향을 미치는 에너지를 나타낸다.

첫 번째 카드를 선택할 때 내담자에게 커넥션할 수 있어야 한다. 이는 표지자를 이끌어 내는 방법으로 트랜스 상태에서 자신을 내담자와 합일 상태로 이끌어 내어 카드를 선택한다. 이는 특정 사건에 대한 원동력이 되는 최초 표지자이다. 이 첫 번째 카드는 표지자이기도 하며, 한국에선 현재라는 뜻으로 사용하는데 실제론 내담자에게 영향을 주는 '그것' 자체를 말한다.

- 두 번째 카드: 표지자를 가로지르는 카드. 표지자에 대한 방해물로 표기된다. 이는 질문의 장애물 성격을 나타낸다. 보통 생산적이지 않은 것, 좋지 않은 것을 나타낸다.

- 세 번째 카드: '표지자의 위에 왕관을 올려라'라고 되어 있는데 이는 최초 표지자의 피부에 가까운 바깥쪽을 말한다. 물리적으론 피부와 같고, 정신적으로는 '내담자의 목표 또는 이상', '아직 이루어지지 않은 최상의 상황'을 나타낸다. 이런 개념에서 왕관이라 함은 내담자가 가지고 싶어 하는 최상의 것이며 내담자 또는 그 사건의 목적이 반영된 외향적 모습을 나타낼 수 있다. 내부에서 올라와서 외부로 발출하는 이미지를 생각하면 될 것이다.

- 네 번째 카드: '표지자의 아래'라고 되어 있는데 beneath라는 단어가 아래에 묻히는 느낌을 표현할 때 사용하는 전치사이므로 최초 표지자의 안쪽에 배치된 느낌이다. 웨이트는 이를 '문제의 기초 또는 근거'로 제시하고 있다. 이는 3번째 카드를 만들게 한 근거가 되며, 내재된 에너지를 말한다.

- 다섯 번째 카드: '표지자의 뒤'라는 단어를 사용한다. 이것을 한

국어로 번역하는 과정에서 '앞으로 어떻게 될 것이다', '형태의 미래'라는 포지션으로 표현한다. 그런데 이 포지션은 미래가 아니라 과거에 해당한다. 웨이트는 이를 설명할 때 '표지자의 뒤에 위치하며, 방금 통과했거나, 사라져가고 있는 영향력을 나타낸다'라고 말한다.

- 여섯 번째 카드: 표지자의 앞쪽, 전에 위치한다. 왼쪽이 아니라 '~전에'라는 뜻을 사용하게 되는데 이는 다섯 번째와 마찬가지로 해석 도중 과거라고 오역이 된 것 같다. 웨이트는 여섯 번째 카드를 설명할 때, "이것은 그의 앞에 있습니다. 가까운 시일 내에 다가올 행동과 상황을 나타냅니다"라고 말한다. 해석을 하다 보면 느끼겠지만 켈틱 크로스 스프레드에서는 미래라는 느낌보다는 표지자가 가지는 에너지가 어떤 식으로 '전달'하는지를 체크하는 부분이다.

- 일곱 번째 카드: 일곱 번째 카드와 첫 번째 카드는 같은 표지자이다. 첫 번째는 그 사건 또는 내담자에게 영향력을 가할 수 있는 것에 대한 표지자이며, 일곱 번째는 주어진 사건 또는 상황 자체의 표지자이다.

- 여덟 번째 카드: 여덟 번째 카드는 내담자의 집을 말한다고 되어 있는데 집이라는 공간은 휴식을 취할 수 있는 공간이고, 이 공간은 표지자에게 가장 근접하게 영향을 주고 있는 공간과 상황, 인물들을 말한다.

- 아홉 번째 카드: 이 카드는 자신의 희망이나 문제에 대한 두려

움을 나타낸다.

- 열 번째 카드: 웨이트는 열 번째 카드를 다음과 같이 설명한다. "최종결론으로써, 모든 카드의 영향력이 10번째 카드(한 점)로 모이게 되며, 직관력을 이용하여 전체적인 그림을 그릴 수 있다." 여기서 한 점으로 모인다는 표현을 나는 앞서 설명한 스프레드 내에서만 작용할 수 있는 헥사그램 스프레드의 7번 카드와 마찬가지로 '작은 표지자'의 위치로 사용한다.

3

켈틱 크로스 스프레드의
해석 법칙

나는 켈틱 크로스 스프레드를 해석할 때 특별한 12개의 법칙들을 발견했다.

① 모든 해석의 시작점은 4번 내면이다.

② 현현과 의식 상승의 두 가지 경로를 모두 사용할 수 있다.

③ 모든 카드는 10번 '최종결론'에 속한다.

④ 1번 Cover(이하 표지자)는 2번 방해물의 교집합이다. 본래 표지자Original Significator는 1번 표지자의 교집합이다.

⑤ 1번 표지자는 아버지인 과거와 어머니인 미래를 통해 페르소나인 외면을 만든다. 이 외면은 방출되기 직전의 상태이거나 은연중 나오는 에너지이다.

⑥ 1번 표지자는 3번 외면을 만들 때 2번 방해물에 의해 변질된다. 즉, 순수한 표지자의 상태가 1번이고, 변질된 표지자의 상태가 3번이며 이를 조율하는 건 2번 방해물이다.

⑦ 7, 8, 9번이 직접적으로 1번 표지자에게 영향을 주려면 반드시 2번 방해물의 미래형에게 간섭받게 된다. 즉, 7, 8, 9를 다른 카드와 연계할 때 2번을 반드시 변수로 두어야 한다.

⑧ 10번 최종결과는 나머지 카드들의 발현물이며, 10번 최종결과가 내부에 있는 카드들에 영향을 줄 때, 2번 방해물을 피하거나 받아들이거나 깨트리고 들어가야 한다.

⑨ 3번 외면은 스프레드에서 숨겨져 있다.

⑩ 스프레드 포지션의 속성은 미래는 불, 과거는 물, 외면은 공기, 내면은 땅 속성을 가진다. 7, 8, 9는 영혼이며, 이들은 커다란 헥사그램을 형성한다. 이 안에 실제로 못 박힌 육체는 1번 표지자이며, 이 헥사그램에 의해 만들어진 표지자는 10번 최종결과이다. 그리고 이들을 조율하는 건 2번 방해물이고, 완성된 아담은 모든 것을 포함하는 10번 최종결과이다.

⑪ 4번 내면은 원초아를 말하며, 5번의 과거보다 아득한 과거이다.

⑫ 3번 외면은 초자아를 말하며, 6번의 미래보다 지배적인 미래이다.

4

켈틱 크로스 스프레드
사칙연산 공식

켈틱 크로스 스프레드의 사칙연산 공식을 표현하기 위해 지금까지 사용했던 P, C, E의 표기법이 아닌 스프레드의 포지션 번호로 대체하였다. 단, 3카드 스프레드 해석기법과 헥사그램 해석기법의 개념을 이해를 그대로 가져온다.

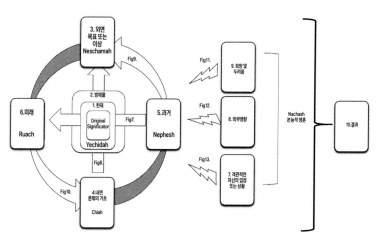

Fig7~Fig13 Celtic cross spread 해석 공식

1) Fig7. ②(⑤+①)=⑥

- 구조: 과거의 문제가 현재로 향해갈 때, 이 문제를 둘러싸고 있는 잠재적 방해물에 의해 미래가 결정된다.
- 원리: 문제의 시간적 흐름 안에서 문제에 대한 과거에서 현재까지의 상황이 순수하게 전개된다고 한다면 이 문제는 미래로 제시된 카드로 나타나지 않았을 것이다. 잠재적 방해물의 영향을 받아 순수한 미래가 아닌 변질된 미래를 나타내는 수식이다.
- 응용: 방해물을 미래로 나누면 본래 순수했던 미래에 대한 단서를 얻을 수 있다. 순수한 미래의 결과물에서 현재를 빼면 과거의 근본적 문제에 대해 조명해볼 수 있고, 과거를 빼면 현재에 닥친 근본적인 상황에 대해 파악할 수 있다.

2) Fig8. ②(④+①)=③

- 구조: 주체의 내면이 현재의 영향력을 맞이했을 때, 이 문제를 둘러싸고 있는 잠재적 방해물에 의해 주체의 목적이나 이상이 결정된다.
- 원리: 주체의 정신적 흐름 안에서 주체가 가진 내면의식이 현재의 상황에 도달했을 때 나타나는 주체의 행동이나 현상은 순수한 목적성이나 발현물을 보여주는 것이 아니다. 잠재적 방해물

의 영향을 받아 변질된 목적성이고 외면이다. 이 수식은 정신적 흐름 안에서 문제에 대한 내면의식에서부터 변질된 목적성과 외면을 알기 위한 수식이다.

- 응용: 방해물을 외면으로 나누면 본래의 순수한 목적성에 대한 단서를 얻을 수 있다. 발견한 순수한 목적성과 외면에서 내면을 빼면 현재의 문제점에서 무의식 중 대처하려는 순수한 행동력을 파악할 수 있고, 현재를 빼면 주체가 가진 윤리의식 또는 가치관을 알 수 있는 단서가 된다.[94]

3) Fig9. ④+⑤=③

- 구조: "주체의 내면이 과거의 상황에 의해 나타난 목적성은 주체가 가지는 기본적인 도덕성을 나타낸다."
- 원리: 주체가 본래 가지고 있는 내면에 가까운 과거에 있었던 객관적 상황에 직면하면서 문제의 시작점인 순수한 목적성을 알 수 있게 된다. 이 순수한 목적성은 과거의 상황에 원초아인 내면이 교육을 강요받게 되었고, 그로 인해 나타난 목적성은 도덕심을 나타낸다.
- 응용: 순수한 목적성에서 과거의 객관적 상황을 뺏을 때의 내면의 카드는 주체의 선천적 성향을 알게 해준다. 순수한 목적성에서 내면을 빼면 전지적 시점의 과거의 상황을 조명할 수 있다.

4) Fig9의 역방향. ③+⑤=④

- 구조: 변질된 목적을 가진 상태에서 과거를 돌아보았을 때, 나타난 내면은 주체의 단점이다.
- 원리: 환경에 의해 만들어진 목적은 그 목적을 만들기 전의 순수했던 과거에 상황을 돌아보았을 때, 이 목적을 가지게 한 심층내면은 주체가 가지고 있는 바꾸지 못한 단점이다.
- 응용: 주체의 단점에서 과거를 빼면 주체가 가지는 순수한 이상향을 나타낸다. 주체의 단점에서 변질된 목적을 빼면 기억 속에서 없애고 싶은 과거의 상황이 조명된다.

5) Fig10. ③+⑥=④

- 구조: 변질된 외면이 변질된 미래를 맞이했을 때, 나타난 내면은 트라우마를 나타낸다.
- 원리: 변질된 미래를 변질된 목적성으로 맞이한 데에는 주체가 가지는 방어기재가 작용했다고 본다. 순수했던 의식이 여러 가지 잠재적 방해물과 환경의 압력을 받아 자신을 보호하고자 하는 기전이 발생했을 것이고, 이런 과정을 거쳐서 나오게 된 변질된 외면과 변질된 외면은 순수한 내면과 분명 큰 차이가 있을 수 있다. 이런 이질감은 주체가 가지는 트라우마를 말한다.

- 응용: 트라우마에서 변질된 미래를 빼면 주체의 욕구를 확인할 수 있다. 트라우마에서 변질된 외면을 빼면 문제에 대한 외부적 욕구를 확인할 수 있다.

6) Fig10의 역방향. ④+⑥=③

- 구조: 주체의 내면과 객관적 미래가 정해지면 그 둘의 조합은 주체의 본래의 목적성을 나타낸다.
- 원리: 주체의 내면에 나온 카드가 잠재적 방해물에 의한 변질이 일어나지 않은 상태로 미래를 조합하면 주체의 본래의 목적성이 나온다. 미래에 나온 카드는 변질되어 있는 상태이기 때문에 Fig6을 통해 먼저 읽고 나서 변질된 미래라는 포지션을 생각하며 주체의 목적성을 파악해 가는 수식이다. 문제에 대한 나 자신의 내면이 변질된 미래를 맞이하게 된 것은 본래의 무의식적 목적성을 나타낸다.
- 응용: 본래의 목적성에서 변질된 미래를 뺏을 때, 나타나는 내면의 상태는 주체가 숨겨야만 하는 주체의 약점을 나타낸다. 본래의 목적성에서 내면을 빼면 주체가 가지고 있는 오해와 문제의 진짜 방향성을 알 수 있다.

5
함수

수학에서 함수란 하나의 집합에 있는 원소가 또 다른 집합의 원소와 연결될 때 표현하는 수학연산 방법이다. 본래 나의 해석학 시작은 함수였다. 이 책에서는 좀 더 대중적으로 다가가기 위해 사칙연산으로 쉽게 리메이크했다. 켈틱 크로스 스프레드에서 Fig 11~13의 해석원리와 방식을 사칙연산으로 하면 너무 많은 양의 공식이 나오게 된다. 그래서 부득이하게 함수를 아주 살짝 쓰려고 한다.

함수의 공식의 형태는 기본적으로 $f(x)=y$이다. 이를 문장으로 하면 '하나의 집합 안에 있는 정의역 x가 향하는 곳은 다른 집단에 있는 치역 y이다'라는 기본적인 문장이 된다. 이해가 쉽도록 상황을 하나 만들어 보자.

경기도에 살고 있는 한 명의 남성이 있다. 평범한 중고등학교를 졸업하고 평범한 대학을 졸업했다. 전공은 기계공학과이다. 이 남성이 취직을 위해 서울에 왔고 백화점에 취직을 하게 되었다. 이력

서에도 기계공학 전공임을 제시했고, 면접에서도 기계공학에 관련된 분야에 대한 어필을 했다. 그런데 배정된 곳은 영업직이었다.

이 남자를 x라고 하고 이 남자를 포함하고 있는 이 남자의 주변 환경을 x를 포함한 집단이라고 했을 때, 이 집단의 x가 새로운 집단인 백화점에 들어가려고 하니 그 집단의 y에 해당하는 영업직에 배정되었다.

즉, X라는 집합에 있는 원소 x가 기계공학 전공이고 Y의 집합에 있는 원소 y는 영업직이라고 할 때, x가 Y의 집합에 들어갈 때 y의 원소와 결합된다. 'f(기계공학전공 남성)=백화점 영업직'이라는 의미가 된다.

이는 타로의 카드가 질문 대비 스프레드에 매치되었을 때와 동일하다. 특정 질문에 특정 카드가 특정 스프레드 포지션에 매치되었을 때의 의미를 산술하는 것이 함수이다.

이제 함수에 대해서 어떻게 문장화시키고 개념화시킬지 알 수 있을 것이라고 생각한다. 이것과 마찬가지로 Fig11~13의 해석공식은 ⑦, ⑧, ⑨가 직접 x가 되어 새로운 환경으로 들어가는 셈이 된다.

이를 수식화하면 f(⑦)=①~⑥이 된다. ①~⑥의 기본적인 해석은 위에서 했으므로 주체에 대해서 윤곽이 잡혔을 것으로 생각된다. 그렇게 잡힌 환경에 주체의 본래 영혼 중 일부인 ⑦, ⑧, ⑨를 각각 끼워 넣었을 때의 이야기가 Fig11~13이다.

1) Fig 11. f(⑨)=①~⑥

- 정의: 주체의 희망 및 두려움이 지금까지의 연산으로 잡혀진 주체의 문제에 대한 환경에 들어갔을 때 이는 주체의 이성적인 방어기제 및 수용력을 나타낸다.
- 원리: 문제에 대한 환경으로 인해 주체가 이 문제에 대한 희망 또는 두려움을 당연히 가지게 될 것이다. 이때 희망 및 두려움에 나타난 카드는 주체가 과거의 경험에 의한 두려움과 현재의 상황에서 오는 두려움 그리고 아직 경험하지 않은 미래에 대한 희망이다.

  이 모든 것을 주체는 아주 정확하고 면밀하게 경험하거나 예지하지 못하기 때문에 희망 및 두려움이 나온 카드의 실체는 ①~⑥의 결과로 알게 된 이성적이고 개인적이며, 이기적인 방어기제가 표현된 것이다. 따라서 ⑨를 기준으로 나머지 ①~⑥에 순차적으로 조합하여 연산해보면 지극히 개인적인 스토리가 보이게 된다.
- 응용: 이 해석방법은 주체가 실제로 듣고 싶어 하는 이야기를 찾아낼 수 있다. 반대로 보면 주체가 냉정하게 보지 못하는 부분을 조명할 수 있게 된다.

2) Fig 12. f(⑧)=①~⑥

- 정의: 주체의 외부 영향이 지금까지의 연산으로 잡혀진 주체의
  문제에 대한 환경에 들어갔을 때 이는 주체의 감정적인 방어기
  제 및 수용력을 나타낸다.
- 원리: 문제에 대한 환경에 주체가 접근하거나 생각하기 이전에
  주체에 대한 기본 틀을 만들어 준 것, 즉 '⑧ 외부 영향'이다. 앞
  서 말했지만 외부 영향은 주체의 집, 부모, 친인척, 가족, 친구
  등 주체를 안정감 있게 만들어주는 것들이다.

  이 포지션에 배치된 카드는 주체의 주변 상황이 되고 이 카드에
  나타난 의미가 ①~⑥의 해석에서 나타난 문제의 감정적 문제
  또는 감정적인 수용력을 대변해준다. 이는 주체가 가지는 이타
  적이고 사회적인 방어기제를 보여준다.

  이 수식은 주체의 페르소나를 보여주기도 한다. ⑧을 기준으로
  나머지 ①~⑥에 순차적으로 조합하여 연산해보면 주체가 가
  지고 있는 사회적 압력과 스스로는 하기 어려운 문제점에 대한
  스토리가 보이게 된다.

3) Fig 13. f(⑦)=①~⑥

- 정의: 주체의 개인적인 입장 및 상황이 지금까지의 연산으로 잡

혀진 주체의 문제에 대한 환경에 들어갔을 때 이는 문제를 해결
할 수 있는 방향을 모색하게 해준다.

- 원리: 문제에 대한 개인적인 입장 및 상황은 주체가 가지는 주관
적인 인지가 아니라 객관적인 인지이다. 다만 이 객관적 상황인
지는 주관적인 인지에서 벗어나지 않는다. 즉, 감정적이지 않은
이성적인 상황 파악을 말한다. 여기서 나온 카드는 주체가 객관
적으로 '어떻게' 인지하고 있는지를 나타낸다.

실제 상황에 해당하는 '① 현재 상황'에 대한 이성적 판단이 되
며, ①~⑥의 해석의 상황에 여기서 나온 카드는 주체의 주변상
황이 되고 이 카드에 나타난 의미가 ①~⑥의 해석에서 ⑦번을
비교하면 ①~⑥에서 읽어진 상황에 대한 본인의 오해가 ⑦이
되며 ⑦을 ①~⑥의 해석을 근간으로 하여 방향성을 재조정할
수 있다면 그것은 해결방법이 될 수 있다.

Adonai Paean의 헤르메틱 카발라 시스템
Purple-Clock System-Time of Magus

1) 마이너 질문 속성별 카드 변환 표

앞서 설명했던 타로 해석의 3요소 중 질문은 4속성으로 분류했었다. 타로를 물어보는 사람들은 "연애 운에서 컵1은 어떻게 해석돼요?"와 비슷한 질문을 많이 한다. 각 카드마다 어떤 질문을 특정한 뒤 그 질문에 맞게 어떻게 해석해야 하는지를 작성하거나 구두로 전달해주는 행동은 매우 비합리적이고 비효율적이다. 그 질문이 잘못된 것은 절대 아니다. 단지 컵1 하나의 카드를 가지고 타로 해석의 3요소에 의해 나올 수 있는 모든 변수를 가늠하여 책으로 쓴다고 하면 몇 십 권이 나올지 모른다. 세계는 넓고 인간은 많다. 그 인간은 각자 다른 삶을 살아왔고, 다른 가치관을 가지며, 다른 교육을 받았다. 생각만 해도 끔찍한 경우의 수가 보인다. 그래서 타로를 설명하고 있는 모든 책은 어떻게 해석하는지에 대해 설명하지 않는다. 따라서 나는 그 해석방법을 몇 개의 표로 정리하였고, 표를 이해함으로써 다양한 변수에 대처할 수 있는 빠른 공식을 제시하려 한다.

다음은 마이너 아르카나와 질문의 속성을 조합했을 때 해석하는 방법에 대한 4개의 표이다.

질문 속성 △	Keter	Chochmah	Binah	Chesed	Gevurah	Tiphareth	Netzach	Hod	Yesod	Malchut
에너지	Keter	Chochmah	Binah	Chesed	Gevurah	Tiphareth	Netzach	Hod	Yesod	Malchut
Wand	1	2	3	4	5	6	7	8	9	10
Cup	4	5	6	7	8	9	10	1	2	3
Sword	7	8	9	10	1	2	3	4	5	6
Pentacle	10	1	2	3	4	5	6	7	8	9

질문 속성 ▽	Keter	Chochmah	Binah	Chesed	Gevurah	Tiphareth	Netzach	Hod	Yesod	Malchut
에너지	Keter	Chochmah	Binah	Chesed	Gevurah	Tiphareth	Netzach	Hod	Yesod	Malchut
Wand	10	1	2	3	4	5	6	7	8	9
Cup	1	2	3	4	5	6	7	8	9	10
Sword	4	5	6	7	8	9	10	1	2	3
Pentacle	7	8	9	10	1	2	3	4	5	6

질문 속성 △	Keter	Chochmah	Binah	Chesed	Gevurah	Tiphareth	Netzach	Hod	Yesod	Malchut
에너지	Keter	Chochmah	Binah	Chesed	Gevurah	Tiphareth	Netzach	Hod	Yesod	Malchut
Wand	7	8	9	10	1	2	3	4	5	6
Cup	10	1	2	3	4	5	6	7	8	9
Sword	1	2	3	4	5	6	7	8	9	10
Pentacle	4	5	6	7	8	9	10	1	2	3

질문 속성 에너지	▽ Keter	Chochmah	Binah	Chesed	Gevurah	Tiphareth	Netzach	Hod	Yesod	Malchut
Wand	4	5	6	7	8	9	10	1	2	3
Cup	7	8	9	10	1	2	3	4	5	6
Sword	10	1	2	3	4	5	6	7	8	9
Pentacle	1	2	3	4	5	6	7	8	9	10

Table 6 Purple clock system's 질문 속성별 마이너 변환 표

마이너 아르카나 변환 표 읽는 법

① 질문의 속성과 선택된 카드의 속성을 확인

② 해당되는 세피라를 확인

③ ②의 세피라는 선택된 카드의 속성을 가진 세피라가 됨

④ 그 속성을 가진 세피라가 질문의 속성에 해당하는 세계에 속했을 때를 명상

2) 코트 질문 속성별 카드 변환 표

△	Atsilut	Beriah	Yetsirah	Asiyah
Wand	King	Queen	Knight	Page
Cup	Page	King	Queen	Knight
Sword	Knight	Page	King	Queen
Pentacle	Queen	Knight	Page	King

▽	Atsilut	Beriah	Yetsirah	Asiyah
Wand	Queen	Knight	Page	King
Cup	King	Queen	Knight	Page
Sword	Page	King	Queen	Knight
Pentacle	Knight	Page	King	Queen

△̵	Atsilut	Beriah	Yetsirah	Asiyah
Wand	Knight	Page	King	Queen
Cup	Queen	Knight	Page	King
Sword	King	Queen	Knight	Page
Pentacle	Page	King	Queen	Knight

▽̵	Atsilut	Beriah	Yetsirah	Asiyah
Wand	Page	King	Queen	Knight
Cup	Knight	Page	King	Queen
Sword	Queen	Knight	Page	King
Pentacle	King	Queen	Knight	Page

Table 7 Purple clock system's 속성별 코트 변환 표

코트 변환 표 읽는 법

① 질문의 속성과 선택된 카드의 속성을 확인
② 해당되는 4계를 확인
③ 그 세피라는 선택된 카드의 속성을 가진 4계가 됨
④ 그 속성을 가진 4계가 질문의 속성에 해당하는 세계에 속했을 때를 명상

3) 메이저 질문 속성별 카드 변환 표

		질문속성 →	△	▽	🜁	🜃
		메인 ↓				
0	Fool	🜁	♈△	♑🜃	♎🜁	♋▽
I	Magician	☿	♉🜃	♒🜁	♏▽	♌△
II	High Priestess	☾	♊🜁	♓▽	♐△	♍🜃
III	Empress	♀	♋▽	♈△	♑🜃	♎🜁
IV	Emperor	♈	♌△	♉🜃	♒🜁	♏▽
V	Hierophant	♉	♍🜃	♊🜁	♓▽	♐△
VI	Lovers	♊	♎🜁	♋▽	♈△	♑🜃
VII	Chariot	♋	♏▽	♌△	♉🜃	♒🜁
VIII	Strength	♌	♐△	♍🜃	♊🜁	♓▽
IX	Hermit	♍	♑🜃	♎🜁	♋▽	♈△
X	Wheel of Fortune	♃	♒🜁	♏▽	♌△	♉🜃
XI	Justice	♎	♓▽	♐△	♍🜃	♊🜁
XII	Hanged Man	▽	♈△	♑🜃	♎🜁	♋▽
XIII	Death	♏	♉🜃	♒🜁	♏▽	♌△
XIV	Temperance	♐	♊🜁	♓▽	♐△	♍🜃
XV	Devil	♑	♋▽	♈△	♑🜃	♎🜁

XVI	Tower	♂	♌ △	♉ ▽	♒ △	♏ ▽
XVII	Star	♒	♍ ▽	♊ △	♓ ▽	♐ △
XVIII	Moon	♓	♎ △	♋ ▽	♈ △	♑ ▽
XIX	Sun	☉	♏ ▽	♌ △	♉ ▽	♒ △
XX	judgement	△	♐ △	♍ ▽	♊ △	♓ ▽
XXI	World	▽	Atsilut	Beriah	Yetsirah	Asiyah

Table 8 Purple clock system's 속성별 메이져 변환 표

메이져 아르카나 변환 표 읽는 법

① 질문의 속성과 선택된 카드의 메인 속성이 되는 행성 또는 황도12궁을 확인
② 해당되는 황도12궁을 확인
③ 그 황도12궁은 선택된 카드의 속성을 가진 황도12궁이 됨
④ 그 속성을 가진 황도12궁은 질문의 속성에 해당하는 세계에 속했을 때를 명상

코트와 메이저 아르카나의 속성변환 표는 마이너 아르카나 속성 변환표의 확장 개념이다. 이들 변환 표는 Purple Clock의 구조를 발견하고 고전 헤르메틱 카발라의 개념을 통해 재조합했으며, 현대 헤르메틱 카발라의 구조를 통해 증명했다. 그리고 수천 명의 온라인 내담자의 배열을 해석하고 피드백을 받음으로써 검산했다.

❖ 감사의 글 ❖

이 책을 가장 많이 응원해주신 가엘 님께 감사의 말씀을 드립니다. 침묵 운영을 하는데도 불구하고 참고 견디며 좋게 봐주시는 Purple Clock 회원 분들께도 감사의 말씀을 드립니다.

이 분야에 대해서 알고 있는 사람도 난해할 이 책을 편집해주시고 책을 출간하기 위해 많은 노력을 해주신 북랩 관계자 선생님들께 감사드립니다.

타로를 해석하면서 틀리면 틀리는 대로 맞으면 맞는 대로 피드백을 주고 검수해주시는 '타로클럽' 카페의 회원님들께도 감사의 말씀드립니다.

한 문장 쓸 때마다 정보를 더 넣어야 할지 빼야 할지 고민하고 반드시 써야 할 부분만 넣고 불필요할 부분은 빼다 보니 다소 어렵고 이해 안 가는 부분이 반드시 있을 것으로 생각합니다. 이 책을 읽은 독자들에게 읽어주셔서 감사하다는 말씀을 드리며, http://cafe.naver.com/hqpcs에 예제에 대한 설명과 자세한 풀이 등을 게재해 놓았으니 책을 구입하신 분은 오서서 확인하시면 더욱 책을 재미있고 유익하게 읽으실 수 있을 것이라고 생각됩니다.
감사합니다.

여호와의 과학이 당신의 영혼에 울려 퍼지길 바라며
장재웅 올림

❖ 참고 문헌 ❖

Dion Fortune, 정은주 역, 『The Mystical Qabalah』, 좋은 글방, 2009

이광정, 『국어문법연구1: 품사』, 역락, 2003

찰스 폰스, 조하선 역, 『카발라』, 물병자리, 1997

Aleister Crowley, 'BOOK 4(Liber ABA); Part 5', 1912

Aleister Crowley, 『THE BOOK OF THOTH』 Samuel Weiser, Inc., 1944

Arthur Edward Waite, 'The Great Symbols of the Tarot', 1926

Arthur Edward Waite, 『The Pictorial Key to the Tarot』, Createspace Independent Publishing Platform, 1910

Calvin S. Hall, 『Theories of Personality』, Wiley, 1957

Daniel Chandler, 『The basics semiotics』, Taylor&Francis, 2002

Eliphas, Levi 'Elements of the Qabalah in Ten Lessons Letters of Eliphas Levi', n.d

Fathi Habashi, Laval University, 'Zoroaster and the theory of four elements', Bull. Hist. Chem, 2000

Gabby, Dame. 'A TAROT HISTORY TIMELINE', Golden-Dawn, n.d

Golden-Dawn, 'Book T', Golden-Dawn, 1888

HARGRAVE JENNINGS, 『THE ROSICRUCIANS THEIR RITES AND MYSTERIES』, Celephaïs, 1879

Jan Assamann, 'Semiosis and Interpretation in Ancient Egyptian Ritual', The university of chicago press journals, 1992

Joan, 'Learning the Tarot in 19 lessons', n.d

Johannes Fiebig and Evelin Burger. 『The Ultimate Guide to the Rider Waite Tarot』, Llewellyn Publications, 2013

Jong-Bok Kim and Peter Sells, 『English Syntax: An Introduction』, Center for the Study of Language and Information, January 11, 2008

Joseph-Mark Cohen, 『The Tree-of-Life Tarot Workbook: Kabbalistic Meditations on the Major Arcana』, JMC Publishing, 2004

Louis, A., 『Complete Book of Tarot.』, Llewellyn, 2016

Manly Palmer Hall, 『The Fraternity of the Rose Cross』, dde, 2009

Mark, Stavish M.A., 'Notes on the Lesser Ritual of the Hexagram', College of Thelema, n.d

Mary Katherine Greer, 『21 Way to Read a Tarot Card』, Woodbury, Llewellyn, 2006

Mary Katherine Greer, 『Tarot constellations patterns of personal destiny』, a NEWCASTLE BOOK, 1987

Nigel Hamilton, 'The Alchemical Process of Transformation', 1985

P. D. OUSPENSKY, 『THE SYMBOLISM OF THE TAROT』, Dover, 1912

Paul Foster Case, 『An Introduction to the Study of the Tarot』, Cornerstone Book, 2008

Peter Dawkins, 『Secrets of the rosy cross』, Francis bacon research trust, 2016

Robert, Wang. 『Qabalistic Tarot』 Columbia, Maryland: SAMUEL WEISER INC. 1982

Ronald J. Pekala, 'Suggestibility, Expectancy, Trance State Effects, and Hypnotic Depth: I. Implications for Understanding Hypnotism', 2010

Samael Aun Weor, 『The Initiatic Path in the Arcane Of Tarot and Kabbalah』, CreateSpace Independent Publishing Platform, 2015

Sigmund Freud, 『A General Introduction to Psychoanalysis』, Barnes & Noble, 2011

Stuart R. Kaplan and Donald Weiser, 『Aleister Crowley's Thoth Tarot deck』, US Games Systems, 1978

THE COLLEGE OF THELEMA, 'Liber T', 2012

The Three Initiates, 『The Kybalion』, CreateSpace Independent Publishing Platform, 2012

VLADIMŌR KARPENKO, JOHN A. NORRIS 'VITRIOL IN THE HISTORY OF CHEMISTRY' Chem. Listy 96, 997-1005, 2002,

Victor Daniels, 'The Analytical Psychology of Carl Gustav Jung',

2011

William Wynn Westcott, 『Introduction to the Study of the Kabbalah』, CreateSpace Independent Publishing Platform, 2016

Yehuda Berg, 『The power of Kabbalah』, Kabbalah Centre International, 2004

❖ 미주 ❖

1 찰스 폰스, 조하선 역, 『카발라』, 물병자리, 1997, p17; 카발리즘의 보편적 원리는 크리스천 카발라(Cabala; Kabbalah)에 있다고 말하고 있다. Cabala라는 용어는 언급되어 있지 않다. 적절한 용어가 없다고 언급하고 있으며 Cabala는 기독교에서만 사용하는 용어로 사용되는 것으로 알려져 있다.

2 Helen Farley, 『A Cultural History Of Tarot From Entertainment to Esotericism』, Journal of the Royal Anthropological Institute, 2009, p12

3 Helen Farley, 『A Cultural History Of Tarot From Entertainment to Esotericism』, Journal of the Royal Anthropological Institute, 2009, p35

4 Helen Farley, 『A Cultural History Of Tarot From Entertainment to Esotericism』, Journal of the Royal Anthropological Institute, 2009, p38

5 Helen Farley, 『A Cultural History Of Tarot From Entertainment

to Esotericism』, Journal of the Royal Anthropological Institute, 2009, p93

6   Helen Farley, 『A Cultural History Of Tarot From Entertainment to Esotericism』, Journal of the Royal Anthropological Institute, 2009, p104

7   Helen Farley, 『A Cultural History Of Tarot From Entertainment to Esotericism』, Journal of the Royal Anthropological Institute, 2009, p31

8   Helen Farley, 『A Cultural History Of Tarot From Entertainment to Esotericism』, Journal of the Royal Anthropological Institute, 2009, p31

9   Dame Gabby, 『A TAROT HISTORY TIMELINE』, Golden-Dawn, n.d.의 연대작성순서를 따랐다.

10   Eliphas Levi이 쓴 'Elements of the Qabalah in Ten Lessons Letters of Eliphas Levi'라는 제목의 16장 남짓 되는 문서이다.

11   Aleister Crowley, Frieda Harris, 『THE BOOK OF THOTH』 Weiser Inc. 1944, p5

12   THE COLLEGE OF THELEMA, 'Liber T', 2012, p4, Introduction p4

13   Aleister Crowley, Frieda Harris, 『THE BOOK OF THOTH』 Weiser Inc., 1944, p8

14   The Three Initiates, 『The Kybalion』, CreateSpace Independent Publishing Platform, 2012

15 Robert Wang, 『Qabalistic Tarot』, Columbia, Maryland, Weiser Inc., 1982, p39

16 William Wynn Westcott, 『Introduction to the Study of the Kabbalah』, CreateSpace Independent Publishing Platform, 2016, p4

17 Aleister Crowley, Frieda Harris, 『THE BOOK OF THOTH』 Weiser Inc., 1944, para4

18 Nigel Hamilton, 『The Alchemical Process of Transformation』, 1985, para1

19 Fathi Habashi, Laval University, 'Zoroaster and the theory of four elements', Bull. Hist. Chem, 2000, para 8

20 Fathi Habashi, Laval University, 'Zoroaster and the theory of four elements', Bull. Hist. Chem, 2000, para 1

21 VLADIMÕR KARPENKO, JOHN A. NORRIS 'VITRIOL IN THE HISTORY OF CHEMISTRY' Chem. Listy 96, 997-1005, 2002, para 1

22 Golden-Dawn, 'Book T', Golden-Dawn, 1888, para 5

23 Robert Wang, 『Qabalistic Tarot』, Columbia, Maryland, Weiser Inc., 1982, p50

24 표기법2 기준.

25 THE COLLEGE OF THELEMA, 'Liber T', 2012, p7, Introduction

26 마이너 아르카나의 4계 참고.

27 Robert Wang, 『Qabalistic Tarot』, Columbia, Maryland: Weiser

Inc., 1982, p46

28   헤르메틱 카발라(Hermetic Qabalah) 부분 참조.

29   A.E. Waite

30   대중적이지만 사실 대중적인 것이 아니다. 그러나 대중적이다.

31   그러나 웨이트의 어떤 책에도 천사의 이름은 언급되지 않는다. 작가
      가 직접 언급하지 않는 이상 전부 공식 입장이 아니다.

32   더군다나 웨이트는 상징에 대한 설명을 크로울리처럼 가이드하지
      않는다.

33   물론 우리를 웨이트나 크로울리와 비교하면 안 된다. 우리는 특별한
      수업을 받지 않는 이상 이 사람들의 발톱의 때도 따라갈 수 없다.

34   세피로트의 나무 중 Three triangle의 예치라 부분을 말한다. 이
      책에서는 좀 더 쉽게 전달하기 위해 자세한 설명은 생략했다.

35   덱마다 가진 속성과 위치가 있다. 예를 들면 유니버셜 웨이트는 땅
      의 속성을 가지며, 말쿠트에 위치한다.

36   A. Louis, 『Complete Book of Tarot』, Llewellyn, 2016, p77

37   Mary Katherine Greer, 『21 Way to Read a Tarot Card』, Wood-
      bury, Llewellyn, 2006, p28

38   덱을 만든 작가가 키워드를 제시했을 경우 그 키워드는 상징과 같
      이 작가의 기표에 해당한다. 그러나 작가가 키워드를 제시하는 경
      우가 정말 흔하지 않다. 따라서 그 덱을 재해석한 다른 타로 연구가
      에 의한 키워드가 보편화되었다는 점을 간과하면 안 된다. 작가가
      만들어준 키워드가 기표이며 그것이 기의를 찾는 데 도움이 될지언
      정 절대적 답안지는 아닌데 그것을 충분한 증거와 논리적 자료가

없는 상태에서 재해석한 키워드를 신뢰할 수 있을까? 신뢰할 수 있을 만큼 본인이 그 키워드에 대한 이해가 충분한 것인가? 이런 의심을 한 번쯤은 해보는 것이 좋다.

39 인용할 수 없을 정도로 거의 모든 타로 관련 해외 저서에는 반드시 '생명의 나무'에 대한 설명이 있다.

40 물론 본래 작가가 직접 키워드를 제시하고 적어놓은 덱들도 있다. 그러나 그런 덱들에서도 작가들은 '반드시' 제시한 키워드로 사용해야 한다고 제시하지 않는다.

41 A.E. Waite

42 당시는 집단의 비밀을 누설하면 배신자로 찍히고 사회에서 낙오되는 시대였다.

43 THE COLLEGE OF THELEMA, 'Liber T', 2012, p1, Introduction

44 실제로 국내에서 카발리즘으로 타로를 이해하고 있는 사람들은 절대로 다른 사람에게 알리지 않기를 원한다. 모든 사람이 손가락으로 덧셈할 때 계산기를 쓰면 그 경쟁에서 압도적인 유리함을 가지기 때문이다.

45 'Book T'의 저자는 크로울리(Aleister Crowley)로 많이 알려져 있는데 정작 'Book T'의 내용에는 저자가 작성되어 있지 않으며, 크로울리의 서적 중에도 'Book T'에 대한 자료가 없다. 다만 제자들이 작성한 "크로울리에 의해 작성된 'Book T'에서는~"이라는 인용문구 때문에 크로울리가 저자인 것으로 보는 것이다. 정확히는 골든 던의 창시자 매더스에 의해 작성되었다는 얘기도 있다. 따라서 저자를 골든던으로 표기하였다.

46 Golden-Dawn, 'Book T', Golden-Dawn, 1888, p25

47 Joan, 'Learning the Tarot in 19 lessons', n.d., para34

48 결코 명리학과 점성학이 쉽다는 이야기가 아니다. 다만 타로는 명리학과 점성학과 같은 분명한 체계도 학파도 없다는 것을 이야기하려 한 것이다.

49 기호학의 아리스토텔레스파는 "표식과 표지자의 사이에 절대적인 동일함이 없을 수도 있다"라고 제시하며 논쟁한다. 그러나 절대 다르다는 이야기는 없다. 즉, 표지자는 아무런 정보가 없는 상태에서의 인지하는 것만으로도 점술적 해석이 매우 용이해지도록 한다.

50 Arthur Edward Waite, 『The Pictorial Key to the Tarot』, Createspace Independent Publishing Platform, 1910, p90

51 '일반적인 타로 해석' 참조.

52 Arthur Edward Waite, 『The Pictorial Key to the Tarot』, Createspace Independent Publishing Platform, 1910, p90

53 Stuart R. Kaplan and Donald Weiser, 『Aleister Crowley's Thoth Tarot deck.』, US Games Systems, 1978, p3

54 Aleister Crowley, Frieda Harris, 『THE BOOK OF THOTH』 Weiser Inc. 1944, p21

55 Hall, Calvin S., Lindzey, Gardner, Campbell, John B., 『Theories of Personality』, Wiley, 1957, p98

56 중세 초기 유클리드의 '기하학', 콰리즈마의 '대수학', 17세기 데카르트의 '해석기하학'으로 세분화하여 발전하였다.

57 기원전 1900년 바빌로니아 '프림톤 322', 기원전 1850년 이집트수학,

기원전 800년 인도의 수학.

58 독일의 철학가이자 수학자로서 뉴턴과 같이 독립적으로 미적분을 창시하였다. 삼각함수의 추상적 개념을 논리적 개념으로 확립한 인물이기도 하다.

59 Jong-Bok Kim and Peter Sells, 『English Syntax: An Introduction』, Center for the Study of Language and Information, January 11, 2008을 참고하였다.

60 Ronald J. Pekala, 'Suggestibility, Expectancy, Trance State Effects, and Hypnotic Depth: I. Implications for Understanding Hypnotism' 2010

61 보충자료 Adonai_Paean's Purple Clock System 참조.

62 타로 해석 12법칙 2. 질문 의존의 법칙 참조.

63 타로 해석 12법칙 6. 키워드 극성의 법칙 참조.

64 타로 해석 12법칙 4. 연계의 법칙 참조.

65 타로 해석 12법칙 7. 프렉탈 원리 참조.

66 타로 해석 12법칙 5. 경로의 법칙 참조.

67 Robert, Wang. 『Qabalistic Tarot』, Columbia, Maryland: Weiser Inc., 1982, p35

68 웨이트가 골든던에서 나올 무렵(1910~1912년)에 스프레드를 타인의 영혼을 보는 방법으로 제시한 것으로 보인다. 이것은 문서상으로는 처음인 것으로 보인다. 그 이전의 타로 카드는 신비주의 집단이었고 1905년 크로울리가 집단의 비밀을 폭로하기 전까지는 알려지지 않았으므로, 세간에서는 타로에 대해서 자세히 알지 못했다. 그 이후 많

은 저서들이 대중들 앞에 나오면서 스프레드라는 존재가 나타났다. 반대로 생각해보면 스프레드라는 상징적 개념을 이미 사용하고 있었지만 이를 대중적으로 밝힌 것은 웨이트가 처음인 것으로 보인다.

69 타로 카드를 직접 언급하며 해석하는 방식을 작성하지 않는다.

70 Aleister Crowley, Frieda Harris, 『THE BOOK OF THOTH』 Weiser Inc., 1944, p12

71 4개의 속성이란 완드, 컵, 스워드, 펜타클의 4suit를 말한다.

72 Major arcana를 의미한다.

73 Court card를 의미하며 2^3이다.

74 역원(inverse element): 만약 a+b라는 식이 있을 때, a=-b가 될 수 있다. 여기서 b는 a에 대한 덧셈의 역원이라고 한다.0

75 적분(integral): 함수 f(x)에 대한 정의역의 부분집합을 이루는 구간에 대한 치역으로 이루어진 곡선의 면적의 합을 극한으로 구하는 개념을 말한다.

76 상수(constant): 변하지 않고 항상 같은 값을 가지는 수. 항상 일정한 수를 가지는 것으로 정의된다. 이 상수는 수학에서의 숫자 개념이고 타로를 상수로 지정하는 이유는 이들이 변수를 가지가 않는다는 의미가 아닌 정보가 없는 미지수와 다르게 정보를 가지고 있다는 의미이다. 수식의 상수와 동일한 위치를 가지고 있기 때문이다. 쉽게 말하면 스프레드에 타로를 빼고 타로를 통해 이해된 가상 키워드를 넣어서 스프레드 공식을 중점으로 쉽게 설명하겠다는 의미다.

77 만든 것으로 추정된다. 18세기 이전에도 I.A.O라는 문자를 쓰긴 했지만 이것을 공식화한 것은 1912년 크로울리의 저서 이전에는 찾을

수 없었다.

78 Aleister Crowley, Frieda Harris, 『THE BOOK OF THOTH』 Weiser Inc., 1944, p123

79 THE COLLEGE OF THELEMA, 'Liber T', 2012

80 Aleister Crowley, 'BOOK 4(Liber ABA); Part 5', 1912

81 수정란 세포로써 어떤 세포로 분화 가능한 세포이다. 일반적으로 '줄기세포'로 불리기도 한다.

82 타로 해석의 세계관은 3구획으로 나뉜다고 생각한다. 이는 대우주, 세계, 소우주다. 사주의 연주, 월주, 일주와 비슷한 개념이라고 생각된다. 하지만 사주와 같이 하나의 '주'가 하나의 시점에 맞춰진 직렬 형식의 구조가 아니라 하나의 스프레드에 있는 카드들이 3가지의 세계관에 모두 통용되는 병렬형식의 구조를 이룬다고 생각된다.

83 미래를 '상수'로 한다는 것은 타로를 통해 미래를 결정했다는 이야 기가 아니다. 타로는 경우의 수를 따져 확률을 계산하는 것이 기본이지만 이 책은 초급이므로 개념을 이해하기 쉽게 하기 위한 기술 방식이다. 미래를 상수로 결정된 수라고 '가정'했을 때가 정확한 서 술이지만 빠른 이해를 위해 '가정'이라는 모호한 단어를 제외했다.

84 표지자가 하나인 경우를 말한다. 유일하게 표지자가 하나 이상인데 도 잘 만들어진 배열은 컵 오브 릴레이션십이다. 이 경우는 표지자 의 절반을 취해서 나머지 절반을 역추산 할 수 있도록 만든 스프레 드이다. 난이도가 매우 높기 때문에 잘못 만들어진 배열로 오해를 받는다. 실제로 컵 오브 릴레이션쉽 배열은 11장이 아니라 11×2/2 인 배열이다. 이것은 3가지의 세계관이 어느 때에 들어가도 될 만

큼 부드러운 배열법이고, 더군다나 카발라의 브리아(도덕의 삼각형)를 아주 잘 표현해 놓았기 때문에 퀄리티가 아주 높다. 이 배열을 해석하기 위해선 반드시 블랭크와 경로의 법칙을 알아야 하고 브리아의 전반적인 세피로트 나무를 파악하고 있어야 하며 그것을 물 속성으로 한정하여 읽어야 한다. 이 책에서는 컵 오브 릴레이션십을 다루진 않겠지만 개인적으로 제일 사랑하고 신뢰하는 배열이다. 단점이 있다면 카드가 너무 많이 소모된다. 15% 가까이의 카드를 소모해서 표지자 2개를 읽는다는 점에서 많아 보이진 않지만 그만큼 경우의 수가 줄어들고 통계학적으로 유의성이 줄어들 수밖에 없다. 이 부분에 대해서 고찰하고 연구할 계획이다.

85 여기서 카드를 전부 사용해서 배열하는 방법론도 있는데 전부 사용했을 때의 통계적 유의성은 그 스프레드의 목적이 전체를 보는 것이기에 연역적 통계로 들어가 99%의 유의성을 가진다. 일반적인 배열을 귀납적 통계이다. 따라서 전체 카드를 쓰는 것이 아니라면 15% 미만의 카드를 사용하는 것이 올바른 방법이다.

86 HARGRAVE JENNINGS, 『THE ROSICRUCIANS THEIR RITES AND MYSTERIES』, Celephaïs, 1879, p7

87 Israel Regardie, Cris Monnastre, 『The golden dawn』, Llewllyn, 1986, p100

88 Israel Regardie, Cris Monnastre, 『The golden dawn』 Llewllyn, 1986, p105

89 Israel Regardie, Cris Monnastre, 『The golden dawn』, Llewllyn, 1986, p55

90 Israel Regardie, Cris Monnastre, 『The golden dawn』, Llewllyn, 1986, p67

91 Israel Regardie, Cris Monnastre, 『The golden dawn』, Llewllyn, 1986, p276

92 Israel Regardie, Cris Monnastre, 『The golden dawn』, Llewllyn, 1986, p336

93 Arthur Edward Waite, 『The Pictorial Key to the Tarot』, Createspace Independent Publishing Platform, 1910, p90

94 Joan, 'Learning the Tarot in 19 lessons', n.d para280에 보면 수평라인(horizontal line), 수직라인(vertical line)으로 설명하여 비슷한 방법론으로 해석라인을 제시했다. 이를 참고한 것은 아니지만 그녀와 나의 개념은 일치했다. 다만 그녀는 켈틱 드로우 스프레드를 해석하는 방식을 제안했고, 나는 켈틱 크로스 스프레드(장미 크로스 스프레드)를 해석하는 방식을 제안한 차이가 있을 뿐이다.